もっと
オモシロはみだし
台湾さんぽ

奥谷道草

交通新聞社

ヌクユルの台湾求め、中南部をはみだしさんぽ

ふたたび哈囉《ハロー》～。

手頃な距離と費用・新旧の文化が入り交じる景観・舌になじむ美食と完熟フルーツ・増設され利便性を増す一方の鉄道網・トドメに台湾人の人柄等々――多彩な魅力を持つ、サツマイモ形の島＝台湾。一人でもカップルで行くもよし、友人も誘いやすいときては、日本からの旅行者が多いのも必然の理《ことわり》でありましょう。

一方、せっかく訪れても不慣れな旅行者には、定番の観光コースをちょいはみだしてみようとすると、手がかりになるものが足りず、地方の街にいたっては情報がほとんどない……とか思っていた3年ほど前、台湾ブームの神風に背を押され、本を出す機会に恵まれ、現地の街を半歩はみだしさまよう足がかりを紹介したのが『オモシロはみだし台湾さんぽ』でした。

その後も台湾ブームはとどまることを知らず、『オモシロ～』がまずまずの評判だったこともあって、続編＝本書の刊行と相成りました。前作を読まれた方に御礼申し上げ

るとともに、台湾さんに感謝感謝です。もう南方に足向けて寝れません。北枕になるし。

前回に引き続き、半歩先ゆく台湾さんぽの手がかりを、偏愛台湾さんぽライターとして、勉強中の現地語を半端に駆使しつつ、心おもむくまま、変な汗かきながら、さらに積み重ねた実体験をもとに紹介しています。

台湾旅行に役立つ本は、3年前に比べると、近頃かなり潤沢になってきました。

首都・台北《タイペイ》市内の詳細なガイドはもちろん、台南《タイナン》を中心に台湾南部を紹介する良書も次々と刊行され、ネットを検索すれば優れてマニアックな美味ブログもモリモリ増えている次第。よい時代だ。

そのあたりの状況もかんがみて、今回紹介するエリアは、台北を飛び出し、台湾の中部南部の主だった街にしぼりました。アートと美食に程よく長《た》けた台中《タイチョン》を中心に、人気の古都・台南、風情ある港町・高雄《ガオション》、人情厚き穴場・嘉義《ジャイー》、オマケで山羊鍋の聖地・岡山《ガンシャン》の5つの街。岡山以外の4カ所は、高鐵《ガオティエ》＝台湾新幹線で、スムーズにたどり着けます。

あえて台北をはずしたのは、多くの本雑誌等でテンコ盛りに取り上げられ、情報的に食傷気味ということもあります。良くも悪くもミシュランガイド台北の刊行まで決まったし、東京でいうとラーメン二郎のどんぶり状態。

さらに、前回も書きましたけど、街の雰囲気が東京に似過ぎている（褒め言葉でもある）。乗客でごったがえす駅、街角のせわしい朝食、ビルに挟まれた狭い空……エネルギッシュな証しではある。そうではあるけど、都心の一隅で半世紀以上暮らしている身としましては、海を越えてまで似た雰囲気を求める気にあまりなんない。

自分の場合、生来のさんぽ心をとらえて離さない、台湾さんの「ヌクユル」成分が、台北だけだとどうも物足りないのです。

ヌクくてユルいから「ヌクユル」。台湾に漂うユルい雰囲気は、初めて訪れた時から誰しも感じるはず。これが気に入るかどうかで滞在の印象は大きく変わってくる。さらに台湾は色々な意味でヌクくもある。亜熱帯および熱帯に属する土地柄ゆえ気候がヌクい。また、あちこちに古民家や古い街並みのヌクい懐かしさが方々に熾火《おきび》のように残り、日本統治時代の面影には、日本人の郷愁をそそるものがある。

食事もけっこうヌクいものが好まれる。飲食店で供される水は常温が普通。真夏でもアジアジの火鍋を好み、定番スイーツの豆花《ドウファ》＝豆乳プリンも生ヌルで、マンゴーかき氷の具にしたって冷やしたりなんかしない。そして、相手への思いやりを持ちオープンな方が多い台湾人の人柄がなんといってもヌクい。

台北も「ヌクユル」な要素はあるけれど、一歩郊外に出ると俄然《がぜん》その度合がアップします。はじめて台北をぬけだし台中を訪れた時、周囲のヌクユル度がぐっと増し、ゆったり、青空が広がる街角に立っただけで、無意識に抱えていた気持ちのこわばりがほどけ落ち、くつろぎのタメ息をほぅとついたのを覚えています。

ヨソ者のお気楽な言い分ではありますが、現地にも台北に息苦しさを覚える場合があるようで、今回、台中や台南に移住した方から直接そんな話もうかがいました。

台北とそれ以外の街ではそこまで違うのか？

気になるなら、ぜひ、日本人旅行者とほぼ顔を合わせることもない地方の街中で1泊はしてヌクユルな空気と風情を満喫してみてください。台北に関しては、なんでしたら前回の本をご購入の上参照ください。ありがとうぞんじます。

そのような理由からしぼりこんだよき「ヌクユル」の街、台中・台南・高雄・嘉義・岡山ですが、紹介する店や場所は、前回同様、人でいっぱいの定番的観光スポットはほぼ登場しません。若人の熱気むんむんの夜市や、行列必至の小籠包&マンゴーかき氷も、自分の食指が動かぬため、あんまり出てきません。台湾さんにはそれでもハマれる多彩な魅力があるんだねと、まったりご理解いただければと思います。

とはいえ、観光の目玉スポットだって一度はなぞってみる価値はあります。王道をゆく台湾観光ガイドと兼用して、こちらを副読本に利用すると具合いいはずです。

案内役であるワタシとツマは、移住もほんのり夢見るほどに台湾さんぽにハマりこむ後期中年フウフであります。訪台歴は7年あまり。パスポートのスタンプは台湾ばかり。細々と学ぶ現地語が、サクランボほどの実を結び、現地直送の情報を仕入れたり、顔なじみができたりしたものの、相変わらず未踏地帯テンコ盛りの新参者で、偉そうな事言える立場にはありません。台湾さんにハマりたい、あるいはハマりだした方の同胞であります。そういった方々の、自己流はみだし台湾さんぽのお役に立てたらシアワセです。

機会があれば、またあちらの路上ですれ違いましょう。

奥谷道草

もくじ

はじめに 2
巻頭グラビア 10
土庫里周辺 ヌクユルさんぽマップ 24

第1章 半歩先の のみくい散策

台湾はフライドチキンもあなどれぬ 30
バーガーとサンド、すばらしきB級パン文化 35
飲み台湾・ノンアル編 押し寄せる美味コーヒーの波 42
飲み台湾・アルコール編 台湾人もよく飲むぞ 55
半歩はみだす台湾ディナー 61

column 1 台灣小常識再加碼 台湾はウイスキーもスゴイ 68

第2章　はみだし買い物

男寄り目線でオモシロ雑貨めぐり　70
台湾パナマを求めて台中はみだし遠足　84
見るだけで楽しい台湾の凝り凝りCD　87
台灣小常識再加碼 column 2　高尾の屋上遊園地でひゅん体験　90

第3章　知られざる台中さんぽ

台中にはあの頃の春と秋がある　92
珊瑚さんと魅惑の土庫里　95
渋喫茶ゾーンでヌクユルな朝食を　98
街のキレイどころをはみだしさんぽ　102
台中の美味店は再訪したくなる率が高い　108
台灣小常識再加碼 column 3　南屯は老街の穴場　118

岡山で見つけた素朴なアルミボウル（82ページ）

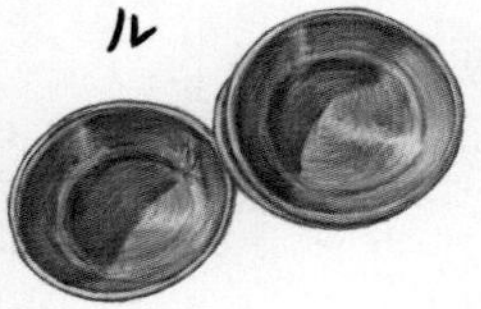

もくじ

第4章 台湾旅さんぽ案内

台湾と中南部のざっくり基本案内 120
台中以南へは桃園国際空港の利用がベスト！ 124
到着後の移動、乗り物あれこれ 126
持ち物準備のコツ 129
街さんぽにもってこいの宿あれこれ 132

第5章 実録ケーススタディ

CASE1 台中 台湾第2の都市の穴場ゾーンさんぽ 142
CASE2 嘉義 最高の市場と食い倒れあるき 146
CASE3 台南 レトロなだけじゃない魅惑のさんぽ 152
CASE4 高雄 あらびきな魅力の港町あるき 157

おまけ
岡山　山羊鍋の聖地で、買い出しさんぽ　162

MAP　台湾全図／嘉義／台中／台南／高雄　166

おわりに　172

＊本書の内容は２０１８年１月現在のものです。

LG
10

土倉里は個性ある小店の隠れ里。飲む・食う・
買うの揃ったわくわくの穴場。

12

自家焙煎カフェで昼寝犬がお出迎え。これぞ台湾のヌクユルな悦楽。(51 ページ)。

作りたてのスイカ丸ごとジュースがどどーんにのけぞる『有春冰菓室』（110ページ）。

細やかな盛り付けから美味。街角の台湾ベジタリアン料理は進化し続けている。『鬍丘』にて。（114 ページ）。

パイナップルかき氷の自然なコクが味わい深い『豊好×天天都美好』（112 ページ）。

14

建築技術の粋を集めた國立台灣美術館＝オペラハウスの内部。複雑な曲線が織りなす現代の洞窟は、さまよう者を感性の迷宮へ誘う（103 ページ）。

台中の中心部は、川の景観工事の最中。遊歩道に生まれ変わった柳川は、涼しげにライトアップされる夜の散策も心地よい（106ページ）。

４階建ての古い書店をリノベした嘉義の『承億小鎮慢讀』。店内カフェや中２階の児童書コーナーなど遊び心が楽しい（151ページ）。

自家農園で育てたパワフルな葉物野菜各種を湯がいて食す鍋料理。これがまた美味い。しかも食べ放題（62 ページ）。

鮮度と丹念な下準備が生み出す『王家祖傳本産牛雑湯』の心震える牛モツ・スープ。この澄んだ味わいの一杯のために嘉義再訪を即断（151 ページ）。

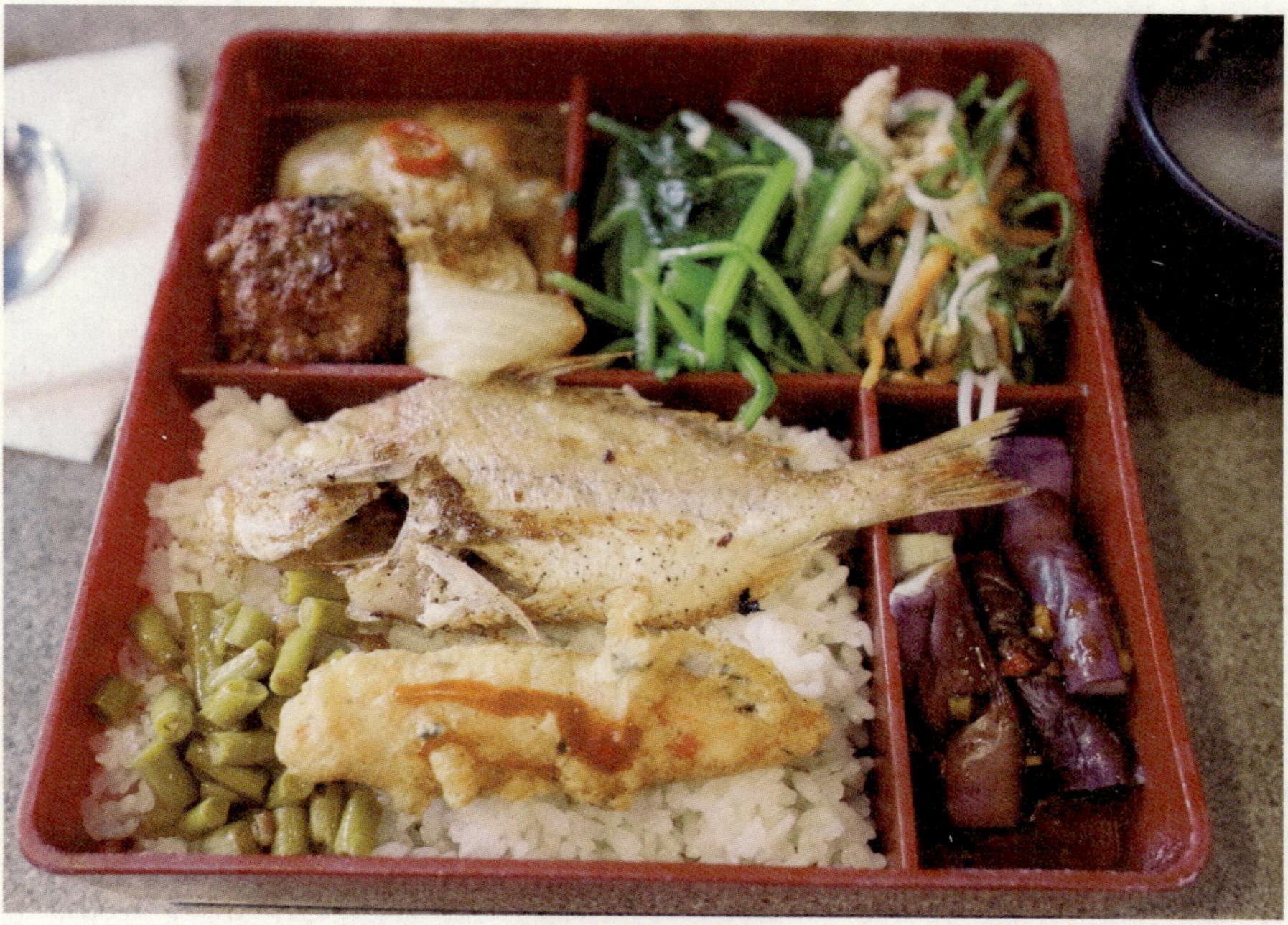

渋喫茶はご近所の食堂でもある。『巧園咖啡』の日替わり定食も財布に優しくボリュームたっぷりの庶民味（99 ページ）。

定番の品を、材料を吟味して丁寧に作るだけ。それが愛おしく美味い。
『青鳥屋』のお弁当は包装からほっこりする（112 ページ）。

飴色の明かりに包まれた佇ずまいを見ただけで訪れたくなる。『島旬』はいわば台湾おばんざいの店（63 ページ）。

数年前開店したばかりの喫茶店とはとうてい思えない『KADOYA』。台南カフェの奇跡の一軒。

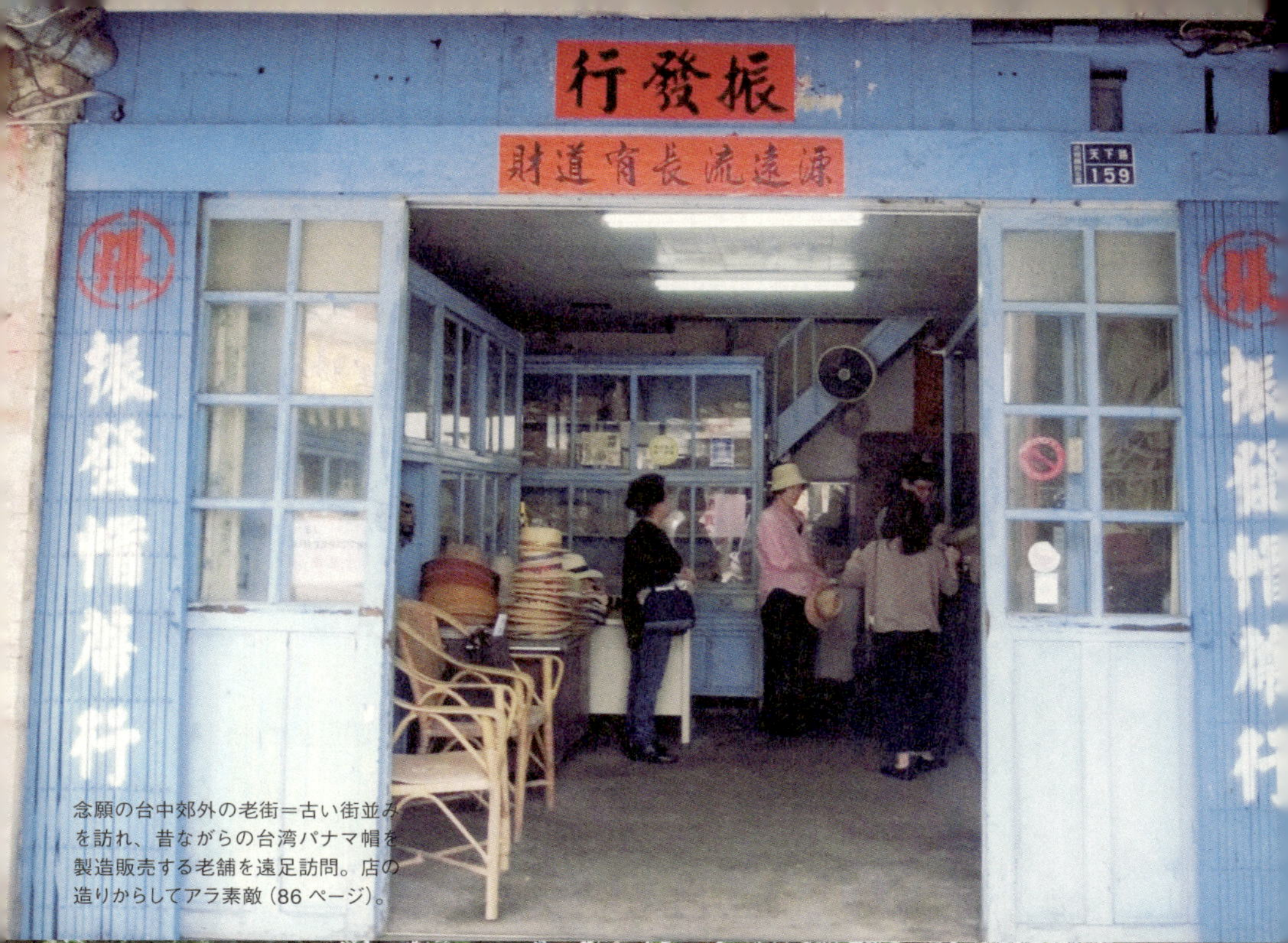

念願の台中郊外の老街＝古い街並みを訪れ、昔ながらの台湾パナマ帽を製造販売する老舗を遠足訪問。店の造りからしてアラ素敵（86 ページ）。

元倉庫の並ぶ広大な敷地に、様々な立体アート作品が散らばる「駁二藝術特區」（72 ページ）。

１棟貸し切り、台中の２階建て高級民宿『小肆，記』。１階にリビングもあり居心地よすぎて籠もりたくなる。しかも宿泊代はリーズナブル（136 ページ）。

壁に年代ものの鞄を積み上げたエントランスホール。このホテルのある台中駅前地域のレトロな空気をうまく取り込んだ（『1969 BLUESKY HOTEL 台中藍天飯』／140ページ）。

軽くかぶれて涼しい男もの（右）と女ものの台湾パナマ帽。1個3000円ぐらいといったところで普段遣いにぴったり。素朴ながらしっかりした作り。紙袋も味が良すぎて捨てられない（『振發帽蓆行』／86ページ）。

眼鏡を探していて、折良く台中で手に入れた眼鏡工房『目目商行』のフレーム。専用木箱に納め布袋に入れてくれる（81ページ）。下は同じく台中の雑貨店『實心裡生活什物店』が近隣のお寺とのコラボで作った、なんと写経用ノート。使い勝手も考慮されセンスにうなる。写経以外にも使い道さまざま（83ページ）。

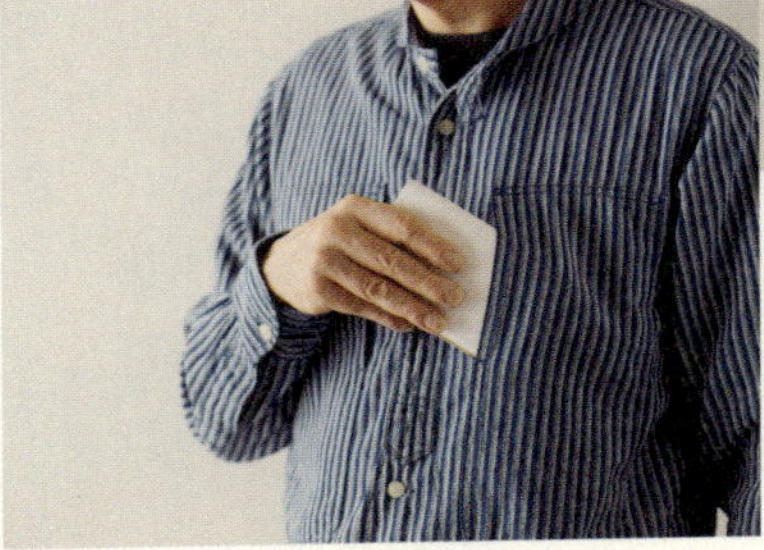

『Mr.old 老派人生』（74 ページ）で購入した、PUREEGO の男もののワークシャツと、『生活商社』（80 ページ）で購入したハンドメイドのワックスクロス製トートバッグ。シャツはメモ帳が余裕で入る大きな胸ポケットがさんぽに便利。どちらも使い込むほどに味わいが増し、しっかり愛用中。

土庫里《トゥクゥリィ》周辺 ヌクユルさんぽマップ

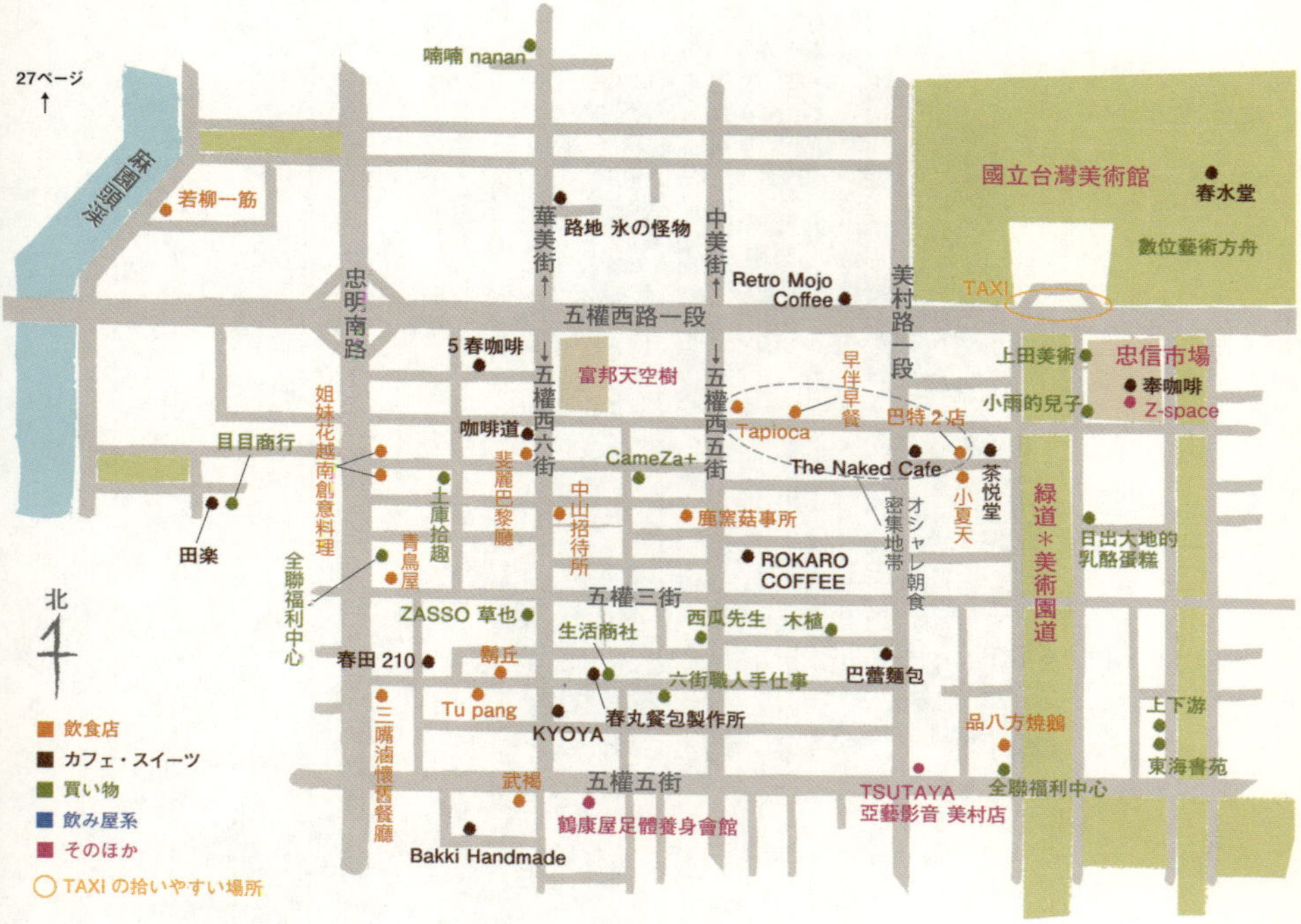

この本でイチオシしたいさんぽスポットが台中の中心部、土庫里（上の地図）とその少し北の辺り（27ページ）。古跡で目に付くものは、英才福徳廟《インツァイフウドゥアミャオ》ぐらいだが、一方、大通りの裏手にモダン古民家が連なり、街の有志が築いたリノベ商業ゾーンをはじめ、我が道を行く雑貨やカフェ、飲食の小店が点在している。傍らには一息つける太い緑道が南北に延び、國立台灣美術館へと通じている。高層ビルのまばらな広い空の下、ヌクユルい中にもちょいとハイソな雰囲気ただよう街を散策し、アートを愛で、アジのある雑貨や飲食店で買い物や食事をゆったり楽しむ……。

紹介したのはざっくり東西1キロ南北2キロ＝徒歩15分×30分の範囲。足だけで余裕で回れる散策エリアである。好みが合えば、1日いても飽きはしない。

オススメできる店や場所を細かめに地図に載せてみた。ファンシーな欧風雑貨店とか、オジサン目線的に、食指が動かず挙げなかった店も多々ある。残りの発見はそれぞれで楽しんでいただけたら幸いである。

■ **巴特2店**（バートゥアアーディエン）
8時〜16時　㊊休
真っ黒な漢堡《ハンバオ》＝ハンバーガーや、遊び心ある洋食を朝から。

■ **茶悦堂**（チャーユイタン）
11時30分〜18時　㊊休
碗に茶葉を直接入れる碗泡茶《ワンパオチャ》など凝った入れ方も楽しめる一方、敷居は低く入りやすい茶カフェ。

■ **小夏天**（シャオシャーティェン）
12時〜15時　17時30分〜21時　㊊㊋休
台湾はベトナム人も多く暮らすせいかベトナム料理も悪くない。

■ **咖啡道**（カーフェイダオ）
13時30分〜22時　㊋休
コーヒーに没頭する道場のごとき美味喫茶。（52ページ）

■ **姐妹花越南創意料理**
（ジェメイファユェナンチュアンイーリャオリー）
11時〜14時　17時〜20時　㊐休
安くて美味しいと、またたく間に店舗を隣にも増やした庶民派ベトナム料理店。台湾料理疲れした時お試しあれ。

■ **土庫拾趣**（トウクゥシーチュ）
13時〜18時　㊋休
かわいげのある和食器の店。東京であまりお目にかからないnatural 69の器なども扱い、老家屋ともども一見の価値あり。

■ **斐麗巴黎廳**（フェイリーバーリーティン）
8時〜14時30分（㊊ 11時30分〜）
17時30分〜21時30分　㊐休
日本ではちょっと考えられないゴージャスな館で頂く欧風スタイルの素食＝ベジタリアン料理の店。何気に朝食も食べられる。

■ **CameZa+**
11時〜20時（㊎㊏〜21時）　㊊休
主の愛するカメラCamera＋雑貨ZakkaでCameZa。フィルム式カメラとオツな生活雑貨のとり合わせ。（82ページ）

■ **田楽**（ティエンラー）**小公園店**
10時〜20時（休日 〜19時）　無休
目目商行のある老家屋の2階、女子と中性男子好きするしっかり食べれる隠れ家カフェ。

■ **目目商行**（ムウムウシャンハン）
15時〜20時（㊏㊐ 14時〜）　㊊休
静かに営まれる若い眼鏡工房。品揃えはシック。（81ページ）

■ **中山招待所**（チョンシャンジャオダイスゥオ）
11時30分〜22時　無休
医師の元屋敷（何物だ？）を用いた本格フレンチの老舗。完全予約制。手が届かない値段ではない。

■ **鹿窯菇事所**（ルーヤォグーシースゥオ）
11時〜21時　㊊休
香冬菇《シャンドングー》＝シイタケがテーマ（！）で、かつ真っ当なレストラン。食料品も扱う。

■ **喃喃**（ナンナン）**nanan**
11時〜19時30分　㊐㊊休
自然体の、趣味よきインテリアショップ。食器、生活雑貨類もあり。

■ **若柳一筋**（ルィリョイージン）
11時〜14時　17時〜20時　㊐休
白湯スープに沈む台湾と日本の食の美味しき融合。（111ページ）

■ **國立台灣美術館**（グォリィタイワンメイシーグゥアン）
9時〜17時（㊏㊐ 〜18時）　㊊休
入場無料の太っ腹な現代アートの牙城。（102ページ）

■ **路地 氷の怪物**
12時〜21時　無休
カワイイお化け型かき氷（目玉がついているのだ）で人気の店の1号店。店名は日本語だけど、日本語はまず通じない。

■ **Retro Mojo Coffee**
8時30分〜20時（㊏ 9時〜）　無休
台中でまず挙げるべきカフェの代表かも。（51ページ）

■■■ **忠信市場**（チョンシンシーチャン）
埃っぽい古市場にギャラリーのZ-spaceやカフェ奉咖啡《フォンカーフェイ》、スイーツ、書店などのアヤシイ個性派が潜む様は行ってみてのお楽しみ。週末のみ営業の店もある。
Z-space　17時〜21時（㊐ 〜18時）　㊊㊋㊌休
奉咖啡　14時〜22時（㊏㊐ 13時〜）　㊊休

■ **上田美術**（シャンティエンメイシュウ）
13時〜21時　無休
店名はギャラリー風だが、知る人ぞ知る台湾人デザイナー鄭惠中《チャンフゥエチョン》の女性服を扱う穴場洋服店。

■ **小雨的兒子**（シャオユィダアーツ）**・台中店**
11時〜21時　無休
こちらも有名台湾人デザイナー蔡志賢の台中店。並びにある上田美術とハシゴできるとはっ！（ツマ談）。

■ **5春咖啡**（ウーチュンカーフェイ）
14時〜21時（㊏㊐ 13時〜）　㊍休
大人の雰囲気ただよう落ち着いた古民家カフェ。（52ページ）

■ **富邦天空樹**（フゥバンティンゴンシュー）
どーんとそびえる土庫里のランドマーク。さんぽの目安。

■ **早伴早餐**（ザオバンザオツァン）
8時〜16時　無休
行列が出来る地元の朝食大人気店。（96ページ）

■ **Tapioca**
8時30分〜22時　㊌休
庭のある広いイタリアン。何と8時30分から利用可。

■ **The Naked Cafe**
7時〜21時　無休
カフェチェーンの美術館前店。書斎風のシックな店内で、朝7時からしっかりしたサンドイッチ等にありつける。椅子にふんぞり返っているマスコットの熊くんなんか偉そう。

■ 春丸餐包製作所（ハルマルツァンバオヂィズオスゥオ）
8時～16時30分　無休
自家製コッペパンが看板商品。ある意味攻めてるパン・カフェ。（41ページ）

■ 生活商社（シャンフォシャンシュア）
13時～19時　㊊休
ハンドメイドの骨太トートやエプロン等。男がハマる雑貨店。（80ページ）

■ 六街職人手仕事（リゥジェリーレンショウシーシー）
13時～20時　㊊休
意外な掘り出し物もある和物生活雑貨のシブ店。（82ページ）

■ KYOYA
12時～18時　無休
京都にこだわる古民家カフェ。台湾人の京都愛も、いとオモシロキかな。

■ 品八方焼鵝（ピンバーファンシァオアー）
11時30分～14時30分　17時30分～21時30分　無休
洗練された店内で頂くガチョウのロースト。（115ページ）

■ 上下游（シャンシャヨウ）News&Market
10時～18時　㊐休
食材にこだわる、センスがよくて高レベルの自然食品店。こだわりの調味料、飲料が充実。オリジナルの濃厚な花生醬《ホワシャンジャン》＝ピーナツバターとか、いい自宅みやげになる。

■ 東海書苑（ドンハイシューユェン）
12時～22時30分　無休
インディペンデントな雰囲気漂う図書館のようなシブ書店。いるだけで頭よくなる、気がする。

■ Bakki Handmade
13時～18時　㊋㊌休
コンクリ打ち放しスタイリッシュな建物で営む、自家製パンと焼き菓子のアートな店。ほのかに甘酸っぱい百香山丘＝パッションフルーツの焼き菓子は台湾ならではの美味。2階はアート本の観覧コーナー、3階に小喫茶コーナーもあり。

■ 武褐（ウーフー）
11時～14時　17時～20時　㊐休
手打排骨《ショウダーパイグー》＝こだわりのヘルシーな台湾風とんかつが看板商品の、気合の入った弁当屋。カフェ風の店内で飲食可。近所の青鳥屋といい勝負している。

■ 鶴康屋足體養身會館
（ファカンウーズーティヤンシェンフゥイグァン）
10時～翌2時　無休
広くて腕もまずまずのマッサージ店。今のところ日本語不可。

■ TSUTAYA 亞藝影音 美村店
西區西區五權五街82號
おなじみツタヤの台中店。日本人にはわかりやすい目印ゆえタクシーでここに乗り付け、土庫里エリアの南端から巡るのも一手。

■ ROKARO COFFEE
13時～19時　㊋休
まさに今という感じの美味カフェ。店舗は奥に長く、見かけより広い。テイクアウトの紙コップかわいい。

■ 日出大地的乳酪蛋糕（リーチュダーディダルーラオダンガオ）
11時30分～14時30分　17時30分～21時30分　無休
乳酪蛋糕《ルーラオダンガオ》＝チーズケーキの老舗。台中駅前の有名アイス店の宮原眼科《ゴンユァンイェンカー》もこの老舗の系列だ。庭付き一軒家がまるごとお店、ただし喫茶スペースはなし。宮原眼科でも扱うデザイン凝り凝りパッケージの中国菓子などもあって、ゆっくり品定めできる。

■ 全聯福利中心（チュエンリェンフーリーチョンシン）
8時～23時　無休
台湾全土にある老舗地元スーパー。生活感こってり。

■ 青鳥屋便當專賣（チンニャオウービェンダンヂュアンマイ）
11時～13時30分　17時～19時　㊐休
店ごと日本に持ち帰りたい、台湾式弁当の傑作！（112ページ）

■ ZASSO 草也（ツァオイェ）
11時～20時　㊊休
こだわりの服と雑貨のセレクトショップ。（95ページ）

■ 木植（ムーヂー）
11時～20時　㊏㊐休
一軒家のスタイリッシュな生花店。のぞくだけでも楽しい。

■ 巴蕾麵包（バーレイメンバォ）
8時30分～21時　無休
ゆったりめの喫茶スペースもある街のパン屋。蔥麵包《ツォンメンバオ》（41ページ）もしっかり置いているよ。

■ 三嘴滷懷舊餐廳（サンツェイルーファイジゥツァンティァン）
11時～14時　17時～22時　無休
レトロ調の店内で、昔ながらの台湾料理がワイワイ食べられる。目玉は磚窯雞《チュアンヤオジー》＝鶏まるごとの壺焼き。名前そのままのシンプルかつ直球な味わい。数に限りがあるので事前予約がオススメ。

■ Tu pang 地坊餐廳（ディファンツァンティァン）
12時～14時　17時～19時30分　㊐㊊休　要予約
予約制おまかせコースのみのカジュアル・フレンチ。ちょいハードル高いが行く価値あり。（111ページ）

■ 春田（チュンチィエン）210
10時30分～20時30分　月休
古民家リノベのぬくゆるカフェ。料理は日本的洋食。東京だと谷根千あたりにありそう。

■ 翡丘（フーチィウ）Algernon Food Meet
11時～14時30分　17時30分～20時30分　無休
こまやかな味付けの洋風ベジタリアン軽食を乙な古民家でまったり。（114ページ）

■ 西瓜先生
13時30分～20時30分　㊌休・日の夜は
町のゆるいくだもの屋さん。店名を訳すとミスター・スイカ。そのくせ西瓜売ってなかったりするし主も西瓜っぽくない。ゆるい普通の店だけどクスっとくるので紹介。

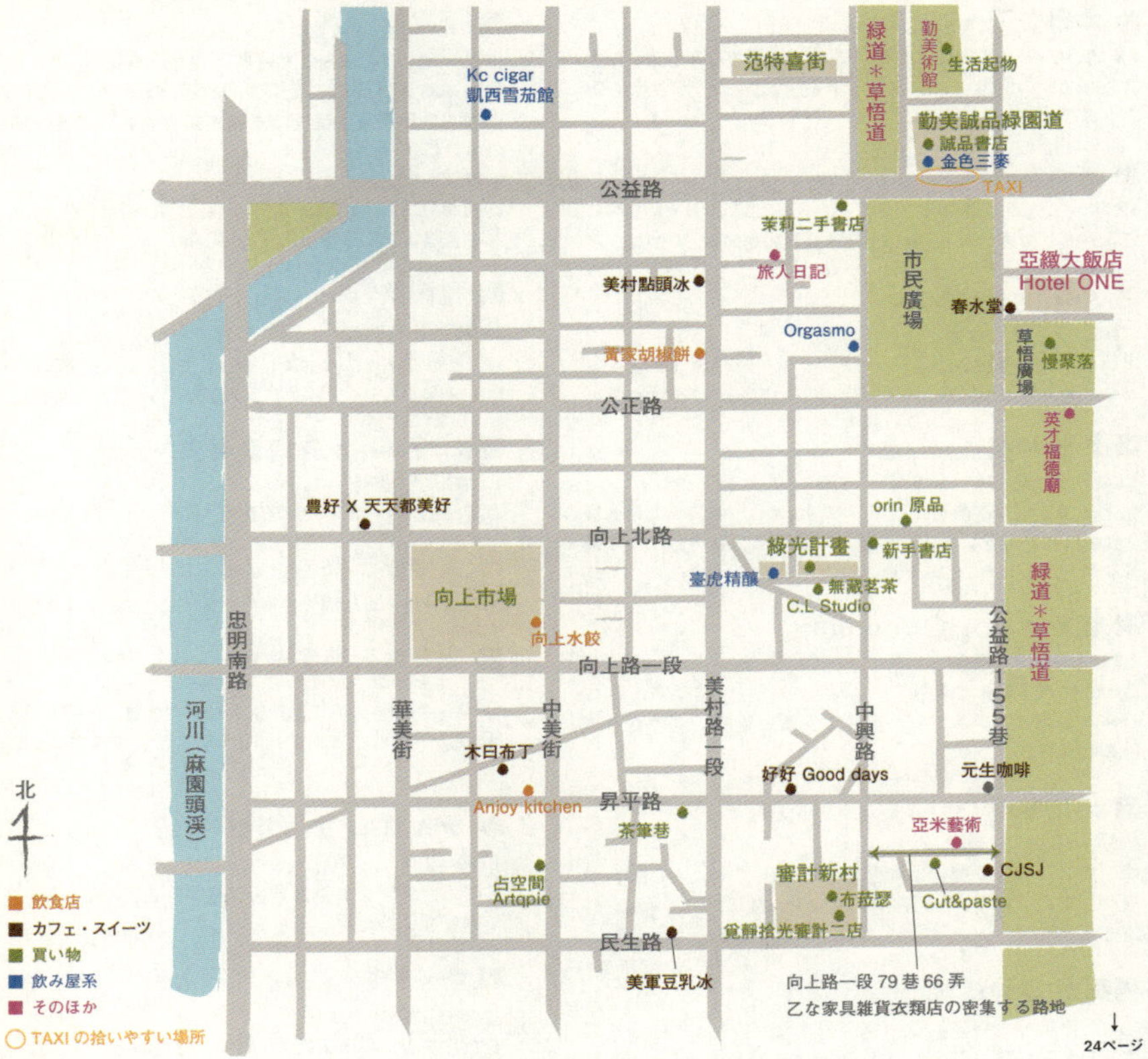

↓
24ページ

茉莉二手書店（ムォリーアーショウシュディェン）

12時～22時　無休
喫茶もできる大箱古書店。CDやマンガ（無論中国語）も充実。入り口がわかりにくく、下手をすると一生迷い続ける。

旅人日記（リュレンリージー）

1階にあるCafe Trip22の営業は16時～24時ぐらい。イカしたシンプルな民宿。（141ページ）

美村點頭冰（メイツンディアントウビン）

12時～23時　無休
2015年台湾人気マンゴーかき氷5位入賞の有名店。

黃家胡椒餅（ファンジャフージャオビン）

14時～19時　㈰休
胡椒餅《フージャオビン》＝スパイシーな小ぶりな窯焼き肉まんの人気店。挽き肉の餡のほどよい歯ごたえと品のいい甘みが癖になる。

亞緻大飯店（ヤーヂィダーファンディェン）

こちらもさんぽの目印になる楕円形の高層ホテル。詳細は前著『オモシロはみだし台湾さんぽ』を必ず買って参照のこと。

勤美術館（チンメイシュグァン）

14時～20時　㈪休
庭に並ぶ小屋風の展示場が独特。内容は頻繁に入れ替わる。

生活起物（シェンフォチーウー）

14時～20時　㈪休
台湾デザインの良品をさまざまな角度から紹介販売。

范特喜街（ファントゥアシージェ）

緑光計畫《ルィヴァンジィファ》系列の最初に造られた裏筋リノベゾーン。入っている店はやや女子寄り。

Kc cigar 凱西雪茄館（カイシーシュエチィエグァン）

19時～2時　無休
地元御用達、ヌクユルに居心地いい本格バー。（58ページ）

勤美誠品緑園道

（チンメイチャンピンリュイユエンダオ）

11時～22時（㈯㈰㈷10時30分～）　無休
外壁を飾る植物（本物）が目印、台中屈指のおしゃれショッピングビル。地下の飲食スペースには自家醸造のビアホール『金色三麥《チンスエサンマイ》』（56ページ）、3階には台湾の丸善ともいえる誠品書店（チャンピンシュディェン）の大きな支店も。

■ 木臼布丁（ムウユェプーディン）
13 時 30 分～ 20 時 30 分　㊌休・㊐の夜は早じまい。
素朴なママの味風プリンのテイクアウト店。2、3人なら隅の小卓で食べさせてくれる。

■ 美軍豆乳冰（メイジュンドゥルービン）
12時～ 21時　無休
豆乳かき氷や濃厚な豆花など素材重視の豆乳スイーツ店。

■ Anjoy kitchen
10時～22時　無休
厨房が見渡せる明るいカジュアルフレンチ。料理は野菜たっぷりで味、量ともに満足できる。小さい店なので予約推奨。

■■ 茶筆巷（チャビィガン）
11時～20時（㊐　～18時）　㊊休
輸入文具と中国茶の店。喫茶スペースあり。品揃えに目新しさはさほどではないものの、ゆるい雰囲気は捨てがたい。通りかかったらのぞいてみてもよし。

■ 好好（ハオハオ）Good days
11時～ 21時　無休
このエリア、健康志向の若い店が目に付くが、ここも本格ロハスな3階建てのカフェ。食材や食器も販売。店の作り込みもお見事。

■ 元生咖啡（ユェンシェンカーフェイ）
8時～18時　無休
朝8時オープン。贅沢に空間を使った店で朝食も可能。値段少し高めで大人びた雰囲気のせいか、すいていてゆったりできる率高し。

■■■ 審計新村（シェンジィシンツゥン）
尖った小店の集合体。玉石混交のオモシロさ。古い窓枠に注目した布菈瑟《ブーラースゥア》（72 ページ）や台湾製も揃うカジュアル万年筆店の覓靜拾光《ミィジンシーグワァン》など（80 ページ）。飲食店もいろいろ。
布菈瑟 Blossom　11時～18時　㊋㊌休
覓靜拾光・2号店　13時～21時（㊏㊐ 10時～）　㊋休

■ 亞米藝術（ヤーミィイーシュ）
10時～19時　㊊休
小ぶりで密度の濃い現代アート系のギャラリー。

■ Cut&paste select shop 減貼選物
（ジィエンティェシュェンウー）
13時30分～19時（㊏　～18時30分）　㊐㊊休
カット＆ペーストなんてPC用語のしゃれた店名そのままに、センスよき店構えと厳選した品揃えのレディースのセレクトショップ。

■ 占空間（ヂャンコンジャン）Artqpie
西區中美街135號　15時～20時（㊐　～18時）　㊊㊋休
靴を脱いで上がるアーティステックな本と雑貨の有名店。15時～と開店時間遅めなので注意。

■ CJSJ 法式甜點概念店
（ファシーテェンディェンガイニェンディェン）
12時～18時 30分　㊊休
行列覚悟、台中屈指の人気スィーツ店（110 ページ）

■ 春水堂（チュンシュイタン）
創業の地だけに台中は春水堂が方々にある。このエリアだと國立臺灣美術館店、市民廣場前店がオススメ。美術館店には本格的中国茶を販売する秋山堂《チウシャンタン》も兼営。市民廣場前の店の方はロケーション最高。まったりするなら午前と夕方以降の時間が狙い目。
美術館店　11時～22時（休日 10時 30分～）
市民廣場前店　8時 30分～23時

■ 慢聚落（マンジュルォ）
12時～ 21時（㊏㊐　～22時）　無休
コミュニティースペース、草悟廣場《ツァオウーグゥアンチャン》地下1階にあるMIT＝メイド・イン・タイワン物のざっくりした雑貨店。

■ Orgasmo 市民廣場店
17時～？　無休
どことなくアンニュイな雰囲気。軽く一杯。（60 ページ）

■ 英才福徳廟（インツァイフウドゥアミャオ）
土地公《トゥディゴン》＝その土地の守り神を祀る神社。台中最大規模だとか。

■ 豊好×天天都美好
（フォンハオ　ティエンティエンドゥメイハオ）
11時～20時（㊌ 13時～、冬は ～19時）　㊋休
自家製パイナップル・ソースかき氷の深い美味にうなる。（112 ページ）

■ orin 原品・生活選物（ユァンピンシャンフォシュアンウー）
11時～20 時　無休
品揃いが新鮮な大箱雑貨店。日本で目にしない品も色々。雑貨好きは訪れる価値あり。（81 ページ）

■ 新手書店（シンシウシュディェン）
12 時～22 時　無休
我が道を行く品揃えのギャラリー感覚の書店。雑貨も扱う。

■■■ 綠光計畫（ルィグァンジィファ）
10 時～19 時　無休
審計新村の兄貴格。入っている店が熟成してきた。中国茶の無藏茗茶《ウーツァンミンチャ》、クラフトビールの『臺虎精釀《タイフージンニャン》・啜飲室《チョアイエンシー》』（57 ページ）も17年開店。C.L Studio（73 ページ）のオリジナル電灯もおもしろい。
無藏茗茶　10時～19 時　無休
臺虎精釀・啜飲室　15時～ 23時30分（㊎㊏～翌1時）無休
C.L Studio　12時～ 20 時　㊊㊋休

■ 綠道＊草悟道（ツァオウーダオ）
■ 綠道＊美術園道（メイシュウユァンダオ）
綠道の中に様々な彫刻や立体作品が点在。気づかないとちともったいないレベル。

■ 向上市場（シャンシャンシーチャン）
8時20分～11時30分　16時～ 23時（㊊ 夜のみ）無休
ザ・庶民の台所。午前中の喧噪が快感。向上水餃《シャンシャンシュイジャオ》は市場の顔みたいな水餃子の店。テーブル席もあって散策の合間、小腹みたしにもってこい。近くの上上水餃《シャンシャシュイジャオ》と、さてどちらが味が上でしょう。
向上水餃　16 時～ 23 時　無休

第1章

半歩先の飲み食い散策

台灣的炸雞太好吃了！

台湾はフライドチキンもあなどれぬ

「エーッ？　それだけ台湾に行っていて、まともに唐揚げ食べてないんですかっ！」

と、前回の本に引き続きワレワレに呆れているのは、W老師《ラオシー》＝先生である。自宅近くの中国語教室で台灣華語《タイワンファユィ》を教えている妙齢の才女で、ほっそりした外見ながら飲み食いならば歡迎《ファンイン》＝いらっしゃい〜な、美味好き台北ッ子である。日本で働きながら年に数回は台湾を往来し、日本語と同じくらい台湾のうまうま事情に精通している。

「ケンタッキー（フライドチキン）だって違うんですからね」

誠実な我ら生徒は、またしても頭を垂れ、後日ふたたび台湾に渡ると、雑踏で唐揚げを真摯に探し求めた。W老師の示した唐揚げとは炸雞《チャジィ》＝フライドチキンのことである。台湾はトリ唐天国で、他にも夜市や市場の屋台にまず並んでいる鹹酥雞《シイエンスージィ》なんていう、トリ＋野菜等いろいろな具材を揚げて食すスタイルもある。とりあえず今回は、日本と比較しやすい炸雞に話をしぼる。

今まで炸雞は、いたずら半分に酔って齧《かじ》った覚えはあっても、しょせんジャンクな

◉台灣華語

台湾で使われている公用中国語。中国大陸の公用語である北京語をベースに、方言レベルの独自の言葉、言い回し等が加味されている。文字は日本の駅などでも目にする、省略化された漢字＝簡体字ではなくて、繁体字という昔ながらの漢字。繁体字は日本の漢字・旧漢字にかなり近いので、台灣華語の読み書きは日本人にはとっつきやすい。語学センスほぼゼロを誇る自分ですらメールで簡単なやりとりができるぐらいになるのだから絶対とっつきやすい。そのかわり、イントネーションの正確な使い分けが求められる会話はほんまに難しい。そして、台灣華語を教えてくれる教室はまだまだ少ない。こんなに台湾人気なのにね。

おつまみじゃんと高をくくり、きちんと正面から向き合ってこなかった。

まず台中さんぽに出かけた機会に向かったのが、『繼光香香雞《ジーグァンシャンシャンジィ》』である。台北ほか台湾の北部〜中部を中心にチェーン展開する炸雞の有名人気チェーンで、在来線・台中駅のすぐ近くに創始店がある。台湾フライドチキン入門にはもってこい。

店名の『繼光香香雞』は、繼光街《ジーグァンジェ》なる通りの角にあるからで、創始店の場所は探しやすい。黒が基調のシックな構えのファストフード風の店である。店頭で記念撮影している人も見かける。

迷わずたどり着き、レジでメニューを指さし注文。たかがトリ唐、すぐ出てくるはずと思いきや、10分以上当たり前に待たされる。台湾のトリ唐は、表面パリパリが重んじられる。ゆえに注文後に揚げるのが基本（ないしは揚げたて）で、10分程度の待ち時間じゃ地元のお客はまるでイラつかない。

やがて、注文時に手渡された號碼牌《ハオマァパイ》＝整理番号が読み上げられ、炸雞がトレイにのせられて登場。揚げたてパリパリの衣に、包まれた鶏肉はもっちりジューシー。スパイシーな味付けがよきアクセントの美味ではないですか。うう、美味《うま》い。

まことにすみません。炸雞さん、ナメてました。

『繼光香香雞』には他に、ポテトフライならぬ見た目も美味な野菜フライもあって、さっぱりした味が炸雞と合わせると誠にバランスがいい。鹹酥雞の影響だろう。

勢いづいて駅の線路を跨《また》いで反対側にあるケンタッキーフライドチキンへ。KFCのロゴをかかげた朱色の店構えは日本と同じ、こちらは作り置きだったがほぼ揚げた

◉ケンタッキーフライドチキン

◉繼光香香雞
台中市中區繼光街91號
11時30分〜22時　無休
MAP P168 C-4

『繼光香香雞』のトリ唐、ヤサイ唐、おひねり風のオムスビとライムジュース。通いたいぞ。

某本家に負けていない出来ばえの『ＫＬＧ』。

『呉記排骨酥』のブタ唐。独特のコクがある。

『炸雞洋行』は見た目地味だが味で勝負だあ。

て。試してみると、なるほどチキンの味付けが違う。表面もよりパリパリで味付けスパイシー、日本でクリスピーチキンとして販売されているものに揚げ加減は近く、唐辛子で味付けをややスパイシーにした感じ。そしてよりジューシー。

いい歳だからと、油っぽいものから足を洗いかけていたのに、炸雞登場で人生計画台無しである。台湾さんぽの楽しみに唐揚げ探しが加わってしまった。店ごとに工夫して作っていたりもするから、あちこちで試してみたくなる。台湾で小腹がひと口分すいていたらお試しあれだ。

オススメ炸雞、台中のお次は台南。

こちらでは『炸雞洋行《チャジィヤンハン》』が有名。地元の飲みの楽園と化す、海安路《ハイアンルー》（55ページ参照）沿いにあって行列が絶えない。あっさりめで、トリ肉の旨味をより感じられるナルホドのお味。

『KLG』なんて店も、街あるきの徒歩圏内にある。台中・豊原《フォングユエン》が本店のチェーン店で、名前も見た目も某有名店そっくり。苦笑するレベルだ。ところが真摯かつまっとうな店でして、注文してから揚げてくれるし、肉もジューシーで申し分ない。個人的には本家より好みかも。看板をマネする必要ないわよ。

嘉義では、唐揚げだったら、炸雞ではないけど排骨酥《パイグゥスー》という、ブタのスペアリブを角切りにして揚げた『呉記排骨酥《ウージィパイグゥスー》』が、甘辛の味付けと薄い衣が程よい逸品。テイク

◉炸雞洋行 海安店
台南市中西區友愛街246號
17時～23時　火休　國華街ほか台南各所に支店あり
MAP　P170　C-3

◉KLG東門店
台南市東區東門路2段69號
11時30分～23時（月16時～）　無休
MAP　P170　C-4

アウト専門で、出来たてをほおばりながら歩くシアワセときたらもう。

そして高雄および台南および台湾南部ではずせない炸雞といったら、大御所の『丹丹漢堡《ダンダンハンバオ》』を挙げないわけにはいかない。漢堡《ハンバオ》とはハンバーガーのことで、チェーン展開しているファストフード店である。なぜか南部のみの展開で、台北っ子をもだえさせている。駅近くにある店は現地のガイド本には必ずといっていいほど掲載されているし、一日中人が途切れないんだからすごい。そしてここの招牌《ジャオパイ》＝看板商品が、チキンバーガーなのだ。注文後に挙げるスタイルで、ボリューム満点で衣サクサク中ムッチリ、しかも安い。ファストフードとあなどれぬ一度は試すべき美味。地元密着型で、観光ゾーンにほぼ店はない。巻末の地図で台南と高雄の使いやすい店を紹介しておく。

炸雞に目覚めて気づいたことがもうひとつある。トリ唐好きなはずなのに、日本以上の密度で街に並ぶ台湾のコンビニで、一切トリ唐を見かけないのだ。揚げたてが当たり前だから、置いても商売にならないらしい。自分も台湾で出来たて当たり前のトリ唐文化を本格的に体験してしまってから、小腹みたしにつまんでいたコンビニのトリ唐、食指が動かなくなった。

あれ？　健康になっているかも。

◉呉記排骨酥
嘉義市國華街129號
15時〜24時 ㊋休
MAP P167 D-2

有點奇怪又很有趣的台灣式麵包

バーガーとサンド、すばらしきB級パン文化

トリ唐の話で、『丹丹漢堡《ダンダンハンバオ》』のチキンバーガーを大プッシュしたけれど、実はこの店、ハンバーガーのファストフード店でありながら、ビーフパテを挟んだオーソドックスなハンバーガーがメニューにない。ハンバーガーなしのハンバーガー店なんてありなのですか？　授業中、再度W老師に尋ねてみる（何の授業なんだ？）と、ケロリとした顔で、

「別に普通ですよー」

という答えが、あっけらかんと返ってきてしまった。

えっ？　ハンバーグが挟んであるからハンバーガーなんじゃないですかっ、家庭でもおなじみのハンバーグが具だからこそ親しみやすいんだし、と力んで反論したら、

「台湾では普通、ハンバーグを家庭で食べませんよー」

どういうことか。ハンバーグの素材は挽き肉である。台湾は南国だから挽き肉が腐りやすい上、ハンバーグはしっかり中まで火を通さないと腹をこわしかねない。色々

◉丹丹漢堡 台南成功店
台南市北區成功路380號
7時〜22時 ㊌休
MAP P170 B-3

メンドクサクて、家庭料理として普及しなかったらしい。
ビーフバーガーを出すファストフード店は普通にあるし、高級ハンバーガー店もあるけれど、意識としては必ずしもハンバーガー＝ビーフではなく、挟む具材は自由、三明治《サンミンチィ》＝サンドイッチの変形ぐらいのポジションらしいのだ。そしてサンドイッチが庶民の朝食として定着して、台湾流の修正をほどこされていたりもする。

台湾での朝食は、外食で済ますのが普通。粥や小籠包、水餃子、ニラ饅頭などなど、観光客を悩ます魅惑の中華系も多いけれど、三明治などで手軽に済ませることも多い。特に会社員には手を汚さずにすむパンの方が人気である。多忙なサラリーマン御用達の朝食と聞く。

たとえば麥當勞《マイダンラオ》＝マクドナルドよりはぶりを利かせている摩斯漢堡《モスゥハンバオ》＝モスバーガーでは、朝サンドイッチを数種出している。中でも火腿蛋三明治《フォトゥイダンサンミンチィ》＝ハムエッグサンドは、表面を焼いた食パンにピーナッツバターを塗り、卵焼き、ハム、たっぷりレタスを挟み込んだもので、何気に手が込んでいる逸品。

摩斯漢堡は空港や、高鐵《ガオティエ》＝台湾新幹線の駅構内に入っているので、ワレワレ夫婦も、台湾に早めの朝着いた時など、小腹満たしに買ってみたりしている。タイミングがあえば作りたてにありつけるし、ふふ。

地方色豊かなパンだと、在来線・台南駅（台南火車站）から歩いて5～6分のとこ

◉火腿蛋三明治（モスバーガー）

◉小璋碳烤輕食
台南市西華南街88號
6時～19時（㊐～16時）無休
MAP P170 B-4

◉阿松割包
台南市中西區國華街三段181號
8時～18時 ㊍休
MAP P170 B-3

ろにある、『小璋碳烤輕食《シャオチァンタンカォチンシィ》』がうまうま。ポークソテーのサンドイッチを看板商品とする小さなテイクアウト専門店なのだけど、食パンと厚手の豚肉を目の前で炭火焼きしてくれたやつが200円でオツリですよ（起士《チィシィ》＝チーズ入りはプラス約40円）。あっさりした味付けと、卵や野菜の具も合わさって、朝からペロリだ。

台南駅付近のホテルに泊まった朝は、ホテルの味気ない朝食はすっとばし、ここにかけつけている。まだ試したことなければ、同じ具でハンバーガーのバンズに挟んでもくれて、それでもやはり漢堡＝ハンバーガー扱いであります。

ちなみに台南駅付近だと、正確にはパンではないのだけど、台灣漢堡《タイワンハンバオ》＝台湾ハンバーガーの異名を持つ割包《グァバオ》ないしは刈包《イーバオ》と呼ばれる台湾軽食の、新しくできた店も挙げておこう。これは、中華まんの皮に角煮などの具をはさんだお手軽料理。方々の屋台で食べられるが、台南だと永樂市場《ヨンラシーチャン》にある老舗『阿松割包《アーソングァバオ》』の豬舌包《ジュウシャアバオ》＝豚タンをはさんだ割包が有名。確かに美味いんだな。

台南駅付近に出来た店は『磨磨茶《モォモォチャー》』。リノベ古民家のおしゃれカフェと見まごう店内で、こだわりの茶と繊細な割包各種が頂ける。テイクアウト可。

よりもう少し南方の都市、港町の高雄だと、『老江紅茶牛奶《ラオジァンホンチャニュウナイ》』。1953年創業、B級テイストたっぷりの台湾式紅茶の老舗で、ゆるゆるのスタンド風店内で、紙コップに注いだミルクティーと共に食べられるトーストが、タダモノではない。見た目はしょぼいハムエッグトーストなれど、卵の焼き加減が選べ、黄身が絶妙のとろとろ加減で

◉磨磨茶
台南市中西區北門路一段161巷2號
11時～18時（㊏㊐は10時～17時）
㊊㊋休
MAP　P170　B-4

◉老江紅茶牛奶　本店
高雄市新興區南台路51號
7時～翌2時　無休
高雄各所に支店あり
MAP　P171　B-2

『小璋碳烤輕食』のポークソテー・サンドはサッパリ味でペロリといけてしまう。

ありし日の給食を思い出す、『春丸餐包製作所』の店内食用パンセット。

ふらり入って大当たりだった『lesson one』の新鮮野菜が堪能しまくれるサンド。

サイズも手頃、有名な『阿松割包』の豬舌包。

包装からやられる『洪瑞珍餅店』の名物サンド。

ミニ蒸籠の器も乙な『磨磨茶』の割包。

出てくる。台湾式紅茶との相性も抜群で、朝7時から深夜2時まで味わえる。おしゃれな支店もあり。

台中では、前回の本でも取り上げた老舗『洪瑞珍餅店《ホンルイチェンビンディエン》』のサンドイッチ。レトロな包装といい、素朴ながらも絶妙のボリューム感でうならせるサンドイッチ各種は一度食べるととりこだ。ちなみに台北を中心に同じ名前のチェーン店があるけど別系列。包み紙のかわいさと味わいは台中の方が上手だよと言ってのけたい。

台中には、ささやかな渋喫茶街があり（98ページ）、その一角の渋喫茶ではないけれど『lesson one』というカフェのサンドイッチがうまうま。

台湾には早午餐《ザオウーツァン》をかかげる店が多い。朝食〜ブランチの店で、昼過ぎにはだいたい店じまいしてしまう。忙しい人は、ささっと済ませ、ワレワレのようなヒマな旅行者とかは、ゆっくりブランチなんていう使い方をする。この店もその典型で、営業時間は8時から午後3時まで。接客はそっけないのだけど、新鮮な野菜があふれるばかりの野菜サンドは、目が覚める美味《うま》さ。

サンドイッチからやや外れるけれど、かわいい手作りコッペパン（!）サンドが、朝8時からおしゃれな店内で食べられる、一軒家の『春丸餐包製作所《ハルマルツァンバオチィゾウスウオ》』は女子が身をよじるカワユサ。オジサンちょっと照れるぞ。

嘉義でこれぞという三明治はまだ見つけてないけど、かえって次のテーマが出来てうれしくもある。はい、言い訳です。

◉洪瑞珍餅店
台中市中區中山路125-2號
9時〜22時（日は10時〜22時）
無休
MAP P168 C-3

◉lesson one
台中市西區市府路23號
8時〜15時 ㊌休
MAP P168 C-3

ちなみに台湾では食パンのことを吐司《トゥスー》という。トーストに由来していることは明らかなのに、焼いてない食パンも吐司で変わりないんだとか。漢堡といい、呼び名に関しちゃちょっと変だぞ台湾パン。

また、日本のあんパンや焼きそばパンにあたる、台湾式の懐かしパンもある。代表選手が蔥麵包《ツォンメンバオ》と肉鬆麵包《ロウソンメンバオ》。

蔥麵包はパンにマヨネーズソースを塗り、そこに刻みネギをのせて焼いたもの。長ネギのほろ苦さをマヨネーズがやんわり包み込み、パンのほのかな甘さを引き立てる。肉鬆麵包は、ネギのかわりに台湾肉でんぶをのせて焼いたパンで、甘塩っぱいでんぶとパンの甘みがミックスされ独特な味をかもしだす。好みが分かれるところで、ワレワレ夫婦間でも意見が二分してにらみ合っている。

どちらも定番のヌクユルな品なので、街の普通のパン屋をのぞいて回ればたいがい手に入る。わざわざ海外から焼きそばパン探しに来ているようなもので、見つけて嬉々《きき》としていると不思議がられたりもしますけど。そりゃそうだ。

◉春丸餐包製作所
台中市西區五權西五街88巷32號
8時～16時　無休
harumarupan.blogspot.jp
MAP　P24

◉肉鬆麵包

◉蔥麵包

文青咖啡時代來襲?

飲み台湾・ノンアル編

押し寄せる美味コーヒーの波

食いしん坊の楽園・台湾では、飲み物へのコダワリもかなりのもの。しかもここの所、台湾に行くたびにその勢いを増しているように感じる。

台湾で飲み物といえば、茶芸館で高級中国茶をまったり——あたりのイメージがまだ一般的じゃなかろうか。けれど、中国茶の楽しみは方それだけじゃない。

台中発祥のパール・ミルクティーもあれば、中国茶の新鮮なフルーツジュース割りもある。それが街角のジュース・スタンドで気軽に味わえてしまうのだ。ああ、何てシアワセ——なんて話は、前回の本でも熱く語った。そしてこちらも少しだけ紹介したが、中国茶以上にコーヒーが驚くほど盛り上がっているのだ。雰囲気だけでなく、すばらしい味のカフェが増えている。自家焙煎は当たり前、淹れ方もこだわっている。

台湾人は、往年の日本人に相通じる律儀な職人気質を持ちあわせている。それをフルに発揮してコーヒーに取り組んでいるのだから不味《まず》いわけがない。今や、台湾各地のカフェ巡りだけで、台湾旅行のテーマに十分なりえている。

台北は首都だけにカフェ軒数も多く、また増えてもいる。けれど、ヌクユルな居心地ということではいかがなものか。そこで、台南の『道南館《ダオナングァン》』にご登場願おう。

繁華街にありながら、一歩身を引いたようなつつましい入り口。歩道に刻まれた店名の『道南館』が目印だ。白を基調としたシンプルな店内は明るく開放的。適度な緊張感が漂っているのはいい店の証し。中央の厨房をかこむカウンター席が穏やかに賑わうなか、吟味したジャズやクラシックがさりげなく流れている。

カウンター内のキッチンで慎重にコーヒーを淹れるのは、小鬍子《シャオフーズー》さん、Joyceさんの店主ご夫妻。供されたコーヒーのあまりの美味《うま》さにうなっていたら話しかけられ、なんとJoyceさん、筑波大学に留学経験もある日本語の達人と判明。それじゃあと取材を申し入れ、後日朝イチでお話を伺った。

『道南館』は台北のはずれ台北市立動物園の近くに2010年オープン。その後、バブルで上がる一方の台北の家賃に嫌気がさしたことなどもあって、元々好きだった台南に移住、2号店を2013年9月に開いた（1号店も継続）。古都台南には400年にわたる歴史が培ってきた時間の深さと厚みがあり、リアルな生活感があるのもいいという。京都に通じる、まったりゆるやかな時の流れと空気感が漂っているのは、お気楽旅行者の自分にもよくわかる。いいなあ台南移住。

小鬍子さんが台北時代からこだわるのは、浅煎りの自家焙煎コーヒーである。高品質ないわゆるスペシャルティ豆を用い、抽出には豆の種類に合わせてサイフォンとエ

◉道南館
台南市中西區民權路二段248號
9時～21時（日13時～18時）無休
MAP P170 B-3

アロプレスを使い分ける。水はコーヒーに合うよう硬水を軟水に変えた自家製。

小鬍子さんは台湾のエアロプレス・コンテストの優勝経験者だけあって、抽出の腕は確かだし、Joyceさんの抽出技術も負けてはいない。

ボディーとディテールが調和したコーヒーはフルーティで、豆本来のほのかな甘みを見事に引き出している。薄味ながら複雑で華やか。それがすっと喉に吸い込まれていき、さっぱりした余韻が残る。無用とばかりに、ミルク・砂糖は出されない。

薄味コーヒーは個人的にも好みで、以前、都内の店を取材して回ったこともある。だが、これほど完成度の高い一杯は飲んだことがない。

飄々《ひょうひょう》とした店主ご夫妻によると、「ここまで浅煎りにこだわっている店は台湾でも珍しいでしょう」とのこと。台湾では日本より一足早く、15〜20年前にスターバックスが上陸、大流行したために似たような濃いめの本格コーヒーが主流となり、それから多様化が始まり、確かにここ数年、ものすごい勢いでカフェが増えたという。

台北あたりはもう飽和状態だから、いい店しか生き残れないでしょうねとJoyceさん。へえ、そこまで来てるんですか。

台南は古都ゆえか、老建築をリノベーションしてレトロを売りにした店が目に付く。カフェもしかり。ガラクタをそれらしく飾っておすましししている程度の、雑な店もあるけれど、建物の風合いや周囲のロケーションを読んで、味・雰囲気ともに作り込ん

◉エアロプレス
2005年に登場した新しいコーヒー抽出器具。注射器の親玉みたいな器具で押し出し抽出する。豆の味、ことにディティールが素直に出る利点があるが、豆の善し悪しが露骨に表れるし、押し加減など、細かいことが影響する。

◉ミルク・砂糖は出されない
台湾ではコーヒーにミルク・砂糖ナシが基本。こういった点にも、台湾さんらしいツウな味のこだわりを感じる。でも紅茶は砂糖入りなんだけどな。

◉秘氏咖啡
台南市國華街三段123之160號2階
14時〜22時 ㊌休
MAP P170 B-3

でいる店が、路地の奥に少なからず潜んでいる。さんぽの足が自然と弾むというものだ。
路面に屋台料理がずらり並ぶ永樂市場《ヨンラァシーチャン》。この台南の有名スポットの埃《ほこり》っぽい階段を2階へ上っていくと、1階とはうって変わってもの静かな住居ゾーンにたどり着く。その一角に登場したのが『秘氏咖啡《ミィシィカーフェイ》』。名前からしてこっそり感の漂う店は、飴色の木戸と電灯の明かりが、妖しい魅惑的雰囲気をかもしだしている。狭いがそれが持ち味で、身を縮めて飲む深煎りコーヒーも美味い。またたく間に有名店となり、多くの客が訪れて秘密の店でなくなってしまったのは仕方ないか。

広めのレトロな奴がいいなら、庭付き2階建ての古い一軒家をまるごと使った『鹿角枝《ルウジャオジィ》』へ。こちらも國立台南大學《グゥオリータイナンダーシエ》の裏手に、ひょいと隠れている感が素敵。風通しのいい2階席で、台南名物のひとつ、日本統治時代に根付いた、懐かしい濃い味の布丁《ブゥディン》＝プリンをつつくなんてのもいい。中心部から離れているせいか地元客がメイン。

在来線・台南駅の反対側、地味な通りにぽつんとある『KADOYA』も素晴らしい。台南の街角で70年代の日本の喫茶店を完全再現。なんとピンク電話まである。ケーキやコーヒーも当時を彷彿《ほうふつ》とさせ、かつ、かなり美味。あの時代に対する憧れと美学がピンと貫かれていて、その熱意に感動させられた。日本にいるんだか、台湾にいるんだか、現代なのか過去なのか、わからなくなる不思議なひとときがたまんない。

◉鹿角枝
台南市中西區樹林街二段122號
9時～16時（土日8時～）月休
MAP P170 C-4

◉KADOYA
台南市東區樹林街一段36號
13時～20時（土日～22時）火休
MAP P170 C-4

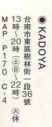

一方、『KADOYA』から徒歩圏内にある『虫二咖啡《チョンアーカーフェイ》』は、台南の高級住宅街エリアにあり、スタイリッシュなマンションの広い地下1階に隠れている、スマートな外観の店。
静謐《せいひつ》で透明感ある雰囲気は、オシャレ最前線というより、往年の代官山ヒルサイドテラスあたりを、年くったワレワレは思い起こしていた。東京が忘れつつある、山の手の上品な空気。コーヒーは普通なれど軽食類はまずまず。なによりここですごす落ち着いたひとときこそがご馳走。
台南の売りは単にレトロなだけじゃない。過去と現代の乙な融合にあると感じる。

中心部だと、西門圓環の丸い環状交差点近くの、ホントに細い脇道に入り、少し行った左手にあるのが、『席瑪朵珈琲烘焙棧《シィマドゥオカーフェイホンベイチャン》・西門店』。隠れ家感覚がゾクゾクくる。
入ると意外に広く、シンプルな店内で自家焙煎のこだわりコーヒーが飲める。新鮮な酸味の効いた味わい深いエスプレッソや、種類豊富なストレートコーヒーに目移りする。誰もが訪れる観光名所、赤崁楼《チィカンロゥ》の徒歩数分圏内なので、一息つける穴場として、知っておくと何かと便利でもある。

近頃の台南人気に圧《お》されて影が薄い高雄も、実は粒ぞろいのカフェが潜んでいる。台南以上にバラけて潜んでいるので、探し歩くのもオモシロイし、つられて自然とさんぽの行動範囲が広がる。

◉虫二咖啡
台南市東區長榮路一段101號B1
9時～18時30分 ㊌休
MAP P170 C-4

◉席瑪朵珈琲烘焙棧・西門店
台南市中西區西門路二段365巷5號
9時～18時 ㊋㊌休
MAP P170 B-3

台北では、コーヒー豆の焙煎で世界的な賞を取ったバリスタ陳志煌氏の営む北欧スタイルの名店『Fika Fika Cafe』が、コーヒー好きに広く知れ渡っているが、高雄にも世界的なコーヒー豆の焙煎コンテスト「2014 world coffee roasting champion」で優勝した頼昱權《ライユィチュエン》氏の営むコーヒー店がある。しかもスタイルの異なる店が2軒。

まず『Café 自然醒《ツーレンシン》』。明るいナチュラルな雰囲気でゆっくりできる。店内で焙煎される豆はあっさりめ。扱う豆は黒板に書かれていて、種類が多くて迷うほど。コーヒーを注文すると、淹れる前に、サイフォンに挽いた豆の粉を持ってきて嗅がせてくれるのがお約束。より香りを楽しんでくださいと、カップと香りの嗅ぎやすいワイングラスが一緒に出される。軽めのローストで豆の味の魅力を引き出している。

もう一軒は「OH! café」こと『握咖啡《オーカーフェイ》』。鼓山《グーシャン》のフェリー乗り場の向かいにある小さなスタンドカフェ。知らなければ、まさか焙煎世界チャンピオンの立つ直営店とは想像できない何気なさである。

4種類の自家焙煎豆のコーヒーが味わえて、店の推しは拿鐵《ナーティエ》＝カフェラテ。つまりコーヒーの泡立てたミルク割りである。近くの柱に「一杯很好的拿鐵、不用加糖就可以喝出甜味。（一杯のよきラテは、シュガーを入れる必要なく甘みが出ています）」なんてポスターも胸を張って貼ってある。美味いカフェラテは、ミルクとコーヒーの組

●世界的な賞
世界的な北欧コーヒー競技大会ノルディック・バリスタ・カップ2013年、エスプレッソ部門とノルディック・ロースター2013で世界チャンピオン。

●Café 自然醒
高雄市中山二路463號
8時～18時 ㊋休
MAP P171 C-2

コーヒーを中国茶風に供する『捌参貳焙煎所』。

渋喫茶ゾーンにある『春水堂創始店』のさりげない風格。

『道南館』の主のエアロプレスの手さばきはさすが。

『KADOYA』は店内も往年の日本喫茶の再現に驚くほど成功している。

『咖啡道』のメニューは正面の地図。扱う豆が産地に描き込まれている。

涼しげでスタイリッシュな『虫二咖啡』は大人の風格。

見つけるどきどき感も魅力の『秘氏咖啡』。

路地裏の『席瑪朵珈琲烘焙棧』は中が広々。

『雙全紅茶』は甘さを選べる。MAP P170 C-3

み合わせで、甘みを持っている。砂糖など加えずそのまま飲んで、コーヒーの本来の甘みを楽しんでほしいという趣旨。確かにほのかに甘く、切れのいい味だ。もちろんこちらも自家焙煎。

お次は『美森咖啡《メイセンカーフェイ》 ARTISAN COFE』。豆は濃いめの自家焙煎。スタイリッシュで大人っぽい内装。ドリップ用とエスプレッソ用で厨房を2カ所に分けたり、見せ方もオモシロイ。奥に長い店内できりっとした高レベルのコーヒーが味わえる。『道南館』とか他の店を知らなければ、個人的にもっと入れ込んでいたかもしれない。

住宅地にあり、周囲の観光地でない品のいい普段着加減がまたいい。

高雄駅には大通りを挟んで、重厚な旧高雄駅が保存されている（見学無料、見るべきものは外観程度だけど）。その旧駅前の、かつて栄えていたらしき一角の、長屋みたいな筋に隠れているのが「Bike coffee」こと『拜克咖啡《バイクァカーフェイ》』。裏筋のひなびたロケーションにまずぐっとくる。

若い店主が営む手作り感漂う自家焙煎の店だ。ドア脇に宇宙人のイラストとともに「エイリアン歓迎（Welcome Alien）」なんて書いてあるぐらいオープンマインド。愛犬のトゥトゥ君までオープンマインドで、足元に寝ころんでいたり、ヌクユルなひとときがたまんない。コーヒーのレベルはユルくなくて、しっかりしたもの。香り豊かで複雑濃厚な味わい。

◉OH! cafe 握咖啡
高雄市鼓山區濱海二路5號
12時～20時（土日10時～）無休
MAP P171 C-1

◉美森咖啡
ARTISAN CAFE
高雄市前金區仁義街223號
11時～19時 無休
MAP P171 C-2

ちょっと挙げてみてもこんな感じなのだ。後述する渋喫茶のひとつ、『小堤咖啡』などもあるし、コーヒー好きなら「この街、どうなってるのさっ!?」とうれしい悲鳴をあげそうな、高雄のコーヒー事情なのである。

台中も負けてはいない。

筆頭で挙げるべきかもしれないのが、『Retro Mojo Coffee』だ。名前は洋風だがメイドイン台湾のMojo Coffeeの店。台中のカフェの3分の1がこの店のコーヒー豆を利用しているとか。台中鳥日子《タイチョンニャオリイズウ》ホテル近くの焙煎所と、國立台灣美術館《グオリィタイワンメイシーグァアン》の通り沿いの2カ所に直営カフェがある。端正で知性を漂わせつつ、力みすぎていない内装、ストレート・コーヒーは軽めな味の中に複雑さを秘め、さすがの味。

土庫里《トウクウリィ》エリアにある『咖啡道《カーフェイダオ》』は、寡黙な主人がひとり黙々とドリップコーヒーを淹れている。求道的な雰囲気に背筋が伸びる。メニューはカウンターの壁の世界地図に記された豆各種。自家焙煎の豆の味を見事に引き出した、味わい深い一杯にため息。

この店の1ブロック隣にある、『5春咖啡《ウーチェンカーフェイ》』もかなり捨てがたい。周囲の民家の雰囲気と、古民家をこざっぱりとリノベした店は、ご亭主の人柄なのか、ボヘミアーンなオトナっぽい落ち着きがあり、なんとも心地よい。コーヒーは注文すると、自家焙煎のオススメのストレートが自動的に供される。

●Bike coffee
拝克咖啡
高雄市三民區林森一路345巷13號
12時～22時 ㊍休
MAP P171 B-2

●Retro Mojo Coffee
台中市西區五權西路一段116號
8時30分～20時(㊏9時～) 無休
MAP P24
焙煎所店
台中市精誠六街22號9時～18時
無休
MAP P169 B-2

より鋭く味を追求する『咖啡道』を取るか、大人びた居心地よき『5春咖啡』を取るか……。

一軒家カフェの『Solidbean Coffee Roasters』は、白を基調とした明るい店内で、軽めのローストの自家焙煎コーヒー各種や、啤酒咖啡《ビージョウカーフェイ》＝なんて、ビール風味のコーヒーなんて珍品（ノン・アルコール）も味わえる。軽食も美味。この店のある辺りは、ことに高レベルの新しめのカフェが密集している。『Solidbean Coffee Roasters』はその1軒にすぎないのだからスゴイ。店を選ぶのに困ってうれし泣きしたくなる。ちょっと店の傾向が似ている気がするけれど。

台中は他にも隠れた渋喫茶ゾーンも有している。ここは朝食がてら散策するのにもってこいなので、近くのホテルに泊まった時のお楽しみとなっている。

それにつけても、台湾人のこのコーヒー熱はどこから湧いてくるのだろう。もともと中国茶を嗜《たしな》む歴史を持っているもんなあとか、ぼんやり思っていたところ、気持ちを推し量るかのように出会ったのが嘉義の『832 Coffee Roasters 捌参貳焙煎所《バーサンアーベイチエンスゥオ》』である。

コーヒー豆の空の麻袋を吊り下げた入り口が目印。照明を抑えたラフな店内で、中国茶を煎れる時の正式な作法、工夫茶の茶器を使って自家焙煎のコーヒーを供してく

◉咖啡道
台中市西區五權西六街2號
13時30分～22時30分 ㊋休
MAP P24

◉5春咖啡
台中市西區五權一街162巷2弄5號
14時～19時（㊏㊐13時～）㊍休
MAP P24

れる。これぞまさに中国茶とコーヒーの文化的ハイブリッド！

ポットで供されるコーヒーをまず、小杯に移して香りを楽しみ、茶碗で温かいのを一杯。別に用意された氷入りのグラスで冷ましてアイスも楽しめる趣向。あら楽しい。ちなみに、ストレートのホットコーヒーを注文すると、それを使ったアイスコーヒーも一緒に付けてくれる店が何軒もあった。サービスなのか風習なのかまだわからないのだけど、味の変化もわかっていいサービスだと思う。日本でもよろしくお願いします。

『捌参貳焙煎所』がマニアックすぎる感じがするなら、誰でもまったりできるヌクユル的な名店が、『MIMICO CAFE 秘密客咖啡館《ミイミイクァカーフェイグァン》』。台南の秘氏咖啡と似た名前だけど関係はない。

古民家をリノベーションしたモダンな路面店。入り口から中を見通せないので、最初躊躇《ちゅうちょ》するが、中は奥行きのある店内になっている。店主がこれまた開放的かつフレンドリーで、日本人だとわかると日本語のできるお隣の老歯科医をいきなりつれてきたりしてくる（このお隣さんサービス、他の方もやられているらしく、お約束っぽい）。それはともかく、酸味に特徴のある自家焙煎のコーヒーもほっとする味。

まだあまり知られていないけれど、台湾ではコーヒー豆も採れる。持ち込んだのはイギリス人かオランダ人で、本格的に栽培されたのが日本統治下時代。昭和天皇への献上品だったという。戦後の動乱期に生産が激減していたが近年、復活しはじめてい

◉Solidbean Coffee Roasters
台中市西區精誠三街28號
9時～18時 ㊌休
MAP P169 A-2

◉832 Coffee Roasters
捌参貳焙煎所
嘉義市東區成仁街228號
10時～17時（㊎㊏～19時）㊌休
MAP P167 C-2

る。西南部や東部が栽培に適していて味の評価も高い。だが、生産量が少ないため値段はバカ高い。

　しかしつい最近、日本のＵＣＣ上島珈琲が、台湾のコーヒー豆代表的産地のひとつ斗六《ドウリュウ》に新工場を建設することを発表した。現地の台湾人もがんばっていることだし、生産量は間違いなく増えて行くことだろう。

台湾がコーヒー豆の名産地として、また美味カフェの楽園として世界に名をとどろかすのもそう遠くはないぞと、ユルめに期待している。

◉MIMICO CAFE
秘密客咖啡館
嘉義市興中街２００-１號
10時～22時（㊐～21時30分）
無休
ＭＡＰ　Ｐ１６７　Ｃ-２

台灣人也很喜歡喝喝酒

飲み台湾・アルコール編

台湾人もよく飲むぞ

夜市の露天の屋台。台湾ならではの小吃《シャオチー》=軽食各種で、大いに賑わっている一方、法律によって酒類は売られていない。ただしお客が、近所のコンビニで啤酒《ピィジゥ》=ビールとか調達してくるのはかまわない——この事も、前回の本で紹介したが、飲み助には重要な注意点なので、復習しておきたい。

台湾では食事中は酒を飲まないというのが基本的スタイル。別に飲んでいてもとがめられないが、料理店で現地のおじさんたちが古早味紅茶《グウザオウェイホンチャ》で、ご飯をしてたりする。また、酔っ払いに対して向ける目は厳しい。なので、台湾人は酒キライなのかなぐらいに思っていた時期がワタシにもありました。

実際は、酔っ払いに対して厳しくはあるものの、酒嫌いなわけでもない。友人の台湾人など見ていてもしっかりどっしり飲んべえである。

最近では日本の居酒屋文化が入り込み、そのまま「居酒屋《ジィジウウー》」と記した看板をかかげた和風飲み屋もある。イタリアンなどでは当然料理にワインを合わせるし、熱炒《ルウチャオ》と呼

◉海安路

◉古早味紅茶
古早味とは昔ながらという意味で、砂糖で甘くした紅茶を指す。大衆的な台湾料理店で出てくる紅茶はこれ。ほろ甘苦いチープ感が乙。

ばれる台湾式居酒屋もビールがあるのはもちろん、アヤシイビール売りのお姉さんまですり寄ってきたりするし（ボルわけではない）。

台南では、夜になると海安路《ハイアンルー》沿い約700メートルにわたって飲みのオープンテラスが連なり、地元民中心に賑わうが、お宮の境内で店開きしちゃっている店まである。

一度は飲むべき古早味紅茶の老舗『雙全紅茶《シュワンチュアンホンチャ》』（156ページ）の細い路地を抜けると、ぱっと現れる總趕宮《ゾンガンゴン》というお宮さまの境内広場。ここにあるのが『松仔腳碳烤海鮮《ソンジィジャオタンカオハイシェン》』だ。夕方5時頃をすぎると境内に丸卓が並び、提灯がともり、神様に見守られながら方々で陽気な宴がはじまる。料理は並だが、この雰囲気がね、なかなか味わえないっす。

最近目を引くのが自家製の精釀啤酒《ジンニャンピィジゥ》＝クラフトビールを飲ませる店。上手に注いだビールの泡立ちのように、いい感じにむっくり増えつつある。

老舗格にして地元勤め人の普段使いのビアホール『金色三麥《チンスェサンムイ》』。最近ならちょっと高級な『掌門精釀啤酒《チャンミエンチンニャンピィジゥ》』。スタイリッシュな店内で、常時20～30種類の自家製生ビールを、上品な「滷味《ルーウェイ》」ほか、高レベルのつまみ類で飲ませる。『臺虎精釀《タイフーチンニャン》』なんてさらなる新手も現れた。いずれも台北ほか、台湾の各都市に出店。今回とりあげるエリア内にもあって、台北よりゆっくりできる。特に台中はそれぞれ中心部にまとまっているので使い勝手がよかった。

ほかにも、一店舗のみの店も探せばある。

前回の本でも挙げた台中の『路德威手工啤酒餐廳《ルゥデウェイショウゴンピィジゥツァンティン》』は、やはりイイ。嘉義では、

●松仔腳碳烤海鮮
台南市中西區中正路131巷13號
17時30分～24時　月休
MAP　P170　C-3

●金色三麥
www.lebledor.com
MAP　P27

『草地總統府《ツァオディゾントンフー》』で瓶詰めの台湾クラフトビール各種を扱っていて飲むことができる。突き当たりのガラス戸から直接取ってきてお気楽にやるスタイル。定食屋なので食べ物も豊富で、ローカルかつヌクユルな飲みができる。以前はビールに詳しいこだわりのお兄さんがいたんだけど、最近見かけない。どうしたのかな。

さて、飲めるといってもここまでは軽めなお酒。もうちょっと重たいのも飲んでみたいわと思うは、飲み助の定め。ツマよ、わかった探すよ。

ホテルのバー・ラウンジという安直な方法もあるが、外人向きにハデハデすぎたり品揃えがショボかったり、相性のいいラウンジに出合えていない。トライ＆エラーの連続で、なんとかみつけたオススメを挙げていこう。

南の大きな港町の高雄は、昔から開けている都会のせいか酒場が比較的みつけやすく、『BEAST Bar&Grill 野獣美式餐廳《イエショウメイシイツァンティン》』という店が使い勝手もよかった。

名前が荒ぶっているけれど、居心地のいいカフェ風の店。グリル・バーだから本格ビーフバーガーやフィッシュ＆チップスなどでしっかり胃袋を満たせるし、アルコール系もビール各種からスピリッツ、カクテル各種と豊富。爽やかなモヒートだけで5種類あるあたりが南国っぽい。

高雄の代表的な夜市、六合夜市《リィウフエイエシィ》の出る通り沿いにあって、夜市をぬけたちょい先という位置も使い勝手よし。夜市をひやかしてから飲みに行くもよし、飲んだ後、夜市で深夜3時30分までやっている『莊記海產粥《チュワンジーハイシェンジィヨウ》』（161ページ）で、心震える

◉滷味
モツに八角などの香辛料を加え中国醤油で煮込んだもの。ビールのつまみの定番。

◉掌門精釀啤酒・台中勤美店《チュオインシータイチョン》
台中市西區台灣大道二段490號
16時～24時（㊎㊏15時～1時 ㊐15時～24時） 無休
www.zhangmenbrewing.com
MAP P169 A-2

◉臺虎精釀 啜飲室
台中市西區中興一巷22號
15時～23時30分（㊏㊐～翌1時）
無休
MAP P27

◉路德威手工啤酒餐廳
台中市公益路36號
16時30分～翌0時30分（㊐は～22時30分） 無休
MAP P168 B-3

海鮮粥をシメにするもよし。観光客のあまり訪れない穴場店。

最近、遅ればせながら学んだことは、台湾の本格的な酒吧《ジゥバー》＝バーは開店時間が遅めであることだ。20時とか21時なんてのもザラ。

食事は食事、飲みは飲みときっちり切り分けるのが元来の台湾スタイル。ゆえに飲みに行くのは食後となる。なので飲みと食いを兼ねる居酒屋系はともかく、酒吧が開く時間は当たり前のように遅いという次第。

ことに台南の酒吧がそうだった。たとえば繁華街でふらっと入りやすいのが『鑽石樓《ズゥアンシィロウ》』。開店は20時。鑽石はダイヤモンドのことで、店名を訳すとダイヤモンドホールである。名前はバブリーだが、店内ははじけすぎず落ち着ける雰囲気。

日本統治時代の隣り合っていた和風建物3棟をくっつけ大胆にリノベーション。雰囲気の違う部屋が奥に隠れていたり造りがオモシロイ。和テイストは残っていないが、この建物の持つ過去の息づかいと現代が、独特な感覚でミックスしている。

肝心の酒は、新鮮なフルーツをたっぷり使ったカクテルが美味。杏仁酸酒《シンレンスウワンジゥ》＝甘酸っぱいアンズのカクテルとか、飲みすぎてあぶないあぶない。

台中では『Kc cigar 凱西雪茄館《カイシーシュエチィエグァン》』。地元屈指のシガーも扱う本格バーである。大通りから一歩入ったビル1階の角。2方の壁はガラス窓で開放的。シンプルな造りの店内、カウンターの向こうの壁に銘酒が並び、こだわりの葉巻の箱が積み上げてある。

◉BEAST Bar&Grill
野獸美式餐廳
高雄市前金區六合二路118-1號
10時30分～14時30分
17時30分～24時　無休
MAP　P171　B-2

◉草地總統府
嘉義市西區林森西路226號
10時～22時　無休
MAP　P167　C-2

店内の開放感も心地よい『掌門精釀啤酒』。

しっとり風情の『鑽石樓』。

プラカップも味な。
『松仔腳碳烤海鮮』。

酔ってこぼすことなし。
『Orgasmo』のモヒート。

フレンドリーな『Kc cigar 凱西雪茄館』。

台湾では神さまともフレンドリーなのか（笑）。『松仔腳碳烤海鮮』、境内の賑わい。

適度にカジュアルな接客が心地よい。フルーツを使ったカクテルを頼むと、旬の梨をすりおろし、自家製のジンジャー・リリーのシロップを隠し味に加えたジンベースのカクテルを供してくれた。台湾産シングルモルト・ウイスキーのKAVALAN（68ページ）の上物も、もちろん扱う。夜が更けてくると、外まで地元客があふれ出る人気ぶりも当然か。

混みすぎて入れないなら、ほど近い台中市民広場脇の『Orgasmo』。名前はアヤシゲだが、明るく入りやすい路面店。クラフトビールやカクテルなど酒が豊富。台湾は暖かい気候のせいか、カクテルはさっぱりしたモヒートに当たりの率が高い気がする。ここのも美味だった。一応カレー店でもあるらしいのだけど最後まで気づかなかった（笑）。

◉鑽石樓
台南市西門路二段２０６號
20時～翌2時（㊎㊏～3時）㊋休
MAP P１７０ B-３

◉Kc cigar 凱西雪茄館
台中市西區中美街３６３巷18號
19時～翌2時 無休
MAP P27

◉Orgasmo 市民廣場店
台中市西區中興街１７７號
17時15分～翌１時
（㊎㊏～翌2時）
MAP P27

請嚐嚐看、我覺得很讚的餐館

半歩はみだす台湾ディナー

台湾は小吃《シャオチィ》＝軽食の楽園なので、朝食・昼飯・間食・おやつあたりは、手頃な資料を漁るなり、腹をすかせて街をさまようなりすれば、割とすんなり決まって、大失敗することもあまりない。

しかしディナーとなるとちょい悩む。

台南・高雄・台中と、どの街を訪れるにしても1度目の訪問の夜は問題ない。有名ガイドブックに載っているような有名店は、それぞれの土地の味の正面玄関みたいなもの。1軒は試してみるべきだから。

2度目以降、ちょっと冒険してみようとか思いだすと悩みだす。そもそも台湾は、小吃はいろいろあって朝やランチでは選ぶのに困るくらいなのに、どっしり夕飯を食らおうとすると、意外と選択の幅が狭まるのだ。毎晩夜市の屋台というのもねえ。鍋か、焼き肉系か、台湾居酒屋か……現地御用達の牛排《ニュウパイ》＝ステーキや義大利菜《イーダーリーツァイ》＝イタリアン、あるいは泰國菜《タイグゥオツァイ》＝タイ料理や、越南菜《ユエナンツァイ》＝ベトナム料理あたりまで手を広げ

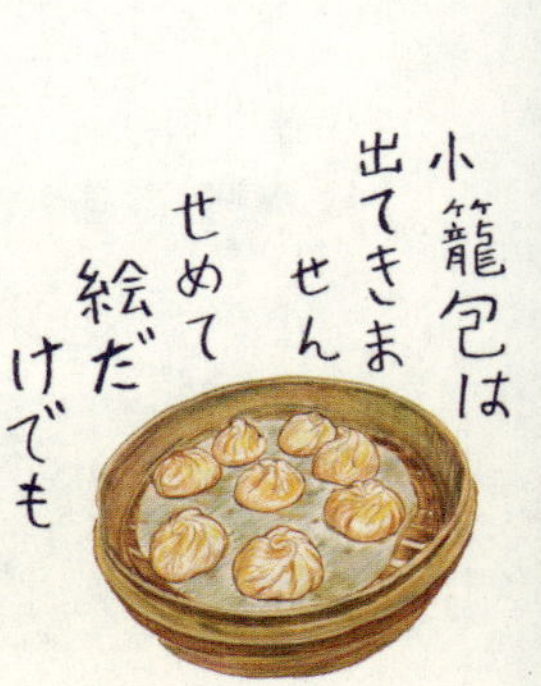

●タイ料理

台湾のタイ料理は、台湾風の味つけになっていることが多い。日本のタイ料理とはひと味ちがう。台湾料理にちょっと飽きたら試してみる価値はある。

●素食《スウシィ》

ベジタリアン料理のこと。前回の本でも大プッシュしました。台湾は素食の楽園。ベジタリアン率はインドに次ぐ多さ。どの街にもかならず素食を出す店があり、食いしん坊な台湾人の食生活にしっかり解け込んでいる。当然味もよく、市場の露店からゴージャスな高級店まで店もさまざま。素材の制限さえ守ればあとは自由でしょとばかりに快楽的で、禁欲的なイメージのあるベジタリアン料理感をちゃぶ台返しされる。自分も単に美味いのですっかりハマった。日本でもわずかながら専門店がある。しかし、正直まだ洗練の域が現地には届かないのは仕方のないところ。今のところ美味で多彩な素食は台湾の独壇場と言えるので、本場で一度は素食を食らうべし。

れば、選択の幅はぐぐんと広がるけれど、もう少し台湾っぽいもの食べたいものねえ。手探りでみつけた、ちょっとはみだした料理を出してくれる美味店をいくつか挙げておく。満足ディナーの手がかりになれば幸いだ。

なお、台中の料理店は、108ページでまとめて紹介したのでそちらを参照されたし。

■高雄

『上竹林養生食草館《シャンチュウリンヤンシャンシィツァオグァン》』はバイキング形式の野菜鍋の店。野菜鍋は台湾ではそう珍しくないが、ここは葉物に特化している点が独特。席に案内されるとまず、ブタ牛トリ魚から2種を選ぶよう尋ねられる。具材というより鍋のダシ用である。適当に選んでバイキング開始。

バイキングコーナーには、台東の自家菜園から直送される新鮮な葉物野菜が十数種類ずらり並んでびっくりする。大葉やキャベツあたりはわかるものの、未知の葉物も多い。それを鍋で湯気を立てる2種類のスープで湯がき、特製タレで頂く。

元気があってほのかに苦い葉物野菜の美味《うま》いこと美味いこと。野菜だから食べ過ぎても大丈夫とつい気が緩み、何度もおかわりを繰り返す。素食系のスィーツやおかず類も充実。これで2000円しないんだもんなあ。葉物野菜で心身共に満腹になれる、希有な食体験ができる店。

『蓬莱居《ボンライジュ》』は、信頼できる台湾料理人氏から教えていただいた古早味台湾菜=昔なが

◉上竹林養生食草館
高雄市新興區林森一路100號
11時30分~14時30分
17時30分~21時30分　無休
MAP　P171　B-2

◉蓬莱居
新興區六合一路53之5號
11時~14時　17時~21時30分
無休
MAP　P171　B-2

らの台湾料理を出す店で、台北の青葉など、一流店で腕を磨いた主が最近高雄で開店。観光エリアからちょっとはみだした場所にあり、店構えはそっけないほどシンプルで観光臭はない。昔ながらのオーソドックスな台湾料理を丁寧に作っていて、味付けも繊細。台湾料理のプロ推薦の店だけのことはある。

招牌《ジャオパイ》=看板商品の野菜入り卵焼き、菜圃蛋《ツァイプウダン》の絶妙な弾力の焼き加減、タロイモを合わせたトリ唐の芋泥香酥雞《ユーニィシャンスージィ》は中モチモチ外パリパリ。普通のビーフンなども、何気に味わい深い。街に解け込む普通な雰囲気のなか、くつろいで夕食を食べられる。地元の食いしん坊に注目されている様子で今後混んじゃうかもなあ。

■台南

『道南館』(43ページ)では『島旬《ダオシュン》』を教わった。大通りから1本入ったほんとに極細の筋にある。知らなきゃ絶対行きつけそうにないロケーションが、さんぽ好きだとなおさらうれしい。

2階建ての古民家をリノベした、温かな割烹屋の雰囲気。若いスタッフが手がける料理は、台湾の旬の有機野菜をおばんざい風に仕上げた素食《スウシィ》の定食のみ。晩間定食《ワンジャンディンシー》=晩の定食420元。ただし野菜だけじゃ物足りない人にはオプションで肉料理も加えられる。店独特の、台湾と和食のコラボとでもいえそうな、滋味に富む味わいが堪能できれば、台湾食いしん坊もかなりのものだろう。

◉台湾料理人氏

東京で一番攻めている台湾料理を出す(と個人的に思う)、『天天厨房』の主人・謝さんのこと。謝さんは、高雄の料理学校で学んだ関係から、今も情報通なのだ。現地の味の再現をするばかりか、素材を吟味してそれ以上の味を追求しているお方。日本だからと酒に合う台湾料理にこだわっている点も飲んべえたちを感激させている。台北あたりにあったら予約困難必死の名店。
http://www.tentenchubo.com/

◉島旬

台南市中西區建國里民生路一段157巷11號
11時30分~14時 17時30分~21時
㊌休
MAP P170 B-3

お得感が半端ない『小二月飯湯』の定食。見た目よりさっぱりしている。

『蓬莱居』名物の卵焼きは絶品の焼き加減。

『島旬』のおそうざい風定食はほっこり素朴な味わい。

『聖善園素食餐庁』のビックリ雞肉飯もどき。

『林聰明沙鍋魚頭』でほぼ生の湯引きと久々の再会。

具沢山すぎて主役の魚の切り身がまるで見えない、濃密なる沙鍋魚頭ナベ。『林聰明沙鍋魚頭』にて。

『小二月飯湯《シャオアーユィファンタン》』は、海鮮蒸籠《せいろ》蒸しの人気店。両手の上にのるサイズのこぶりな蒸籠に海鮮がぎっしり。それに具だくさんな海鮮スープ、ブタか牛のそぼろ肉（選べる）に、まぐろのそぼろ肉を加えたかけご飯のセット。蒸籠蒸しの蒸籠はダブルにもできる。

台南にしては味はあっさりめ。蒸籠は素材の味だけで食べ、そぼろ肉や、海鮮スープを間に挟んでバランスをととのえつつ食べていくといい。油っぽいもの、濃い味のものを食べ続けていたら、いい口休めになりますな。お値段130元～190元だから1000円しない。店の前の大通りは、台南屈指、オープンテラス連なる飲み食いストリートの海安路《ハイアンルー》（55ページ）なので、そのままハシゴなんてことも。


台南の有名中国茶店の『奉茶《ホンチャ》』さんも、ティータイムのみならず、夕飯でも使い勝手がいい。2階の広い飲食スペースで、リーズナブルで量もそこそこある定食各種をゆっくり味わえる。しかもお茶付き。夜は地元の人を中心に賑わっている。

■嘉義

嘉義は名物の雞肉飯《ジーロウファン》めぐりだけでお腹いっぱいになる勢いの街でもある。雞肉飯の店だけで80軒ぐらいあり、ゆるゆる競い合っている。

その中でひときわ異彩を放つのが、在来線・嘉義駅の裏手にある『聖善園素食餐庁《ションシャンユエンスーシーツァンティン》』の雞肉飯だろう。ここは素食《スゥシィ》の店だから、鶏肉を使っていない。なんちゃって雞肉飯である。それゆえ名前も積若飯《ジールオファン》と当て字にして、発音もほんの少し変えている。いじ

◉小二月飯湯
台南市中西區海安路一段7號
11時～14時（㊏㊐9時～）
17時～20時 ㊋休
MAP P170 C-3

◉奉茶
台南市中西區公園路8號
11時～23時 無休
MAP P170 B-4

ましい几帳面さがかわいい。
味もなんちゃってかというと、これが大違い。さすがは素食の楽園、台湾だ。キノコの千切りを鶏肉に見立てた積若飯は、オイリーなタレと相まって下手な雞肉飯より美味いほどの出来栄え。びっくりした。他にもオーソドックスな素食もいろいろある大箱店なので、じっくり楽しめる。

一方、『林聰明沙鍋魚頭《リンツォンミンシャグウオユィトオ》』は、台湾ではポピュラーな土鍋料理・沙鍋魚頭の老舗。コクレンというコイ科の川魚の身を揚げ、鍋に白菜、キクラゲ、豚肉、豆腐等ともども投入、甘味噌風の特製沙茶醤スープで煮込んだもの。白菜や豚肉をウマイウマイと夢中でつまんでいると、底から川魚の切り身が登場。スープが染みこんだ揚げ衣と、魚の白肉の取り合わせが絶妙で、ボリュームありそうでもぺろりといけてしまう。1人前から可だが、3人以上だと、よりコクのあるダシがとれる魚のお頭も選べる。

サイドメニューも魅力的で、ビールに合いそうなマコモダケとか湯がいたナスとか、さらには、さっと湯がいたブタモツまで食べられるのだ。日本じゃまず食べられなくなったレアに近い湯引きですよ！ 広い店内で、大量のお客をきびきびさばく様もほれぼれする。

嘉義は東市場《ドンシーチャン》の、ひれ伏すようなモツ煮スープを供する『王家祖傳本產牛雜湯《ワンジャーズーチュアンベンチャンニウザータン》』（151ページ）とか、モツだけでもまた来たくなる、食の穴場街。

●聖善園素食餐庁
嘉義市嘉義市中興路590號
11時～14時 17時～21時 無休
MAP P167 A-1

●林聰明沙鍋魚頭
嘉義市東區中正路361號
14時～22時（土日12時～） 無休
MAP P167 C-2
すぐ近くの支店
嘉義市東區光華路122號 12時～22時 無休
www.smartfish.com.tw
MAP P167 C-2

Column 1

真厲害！台灣威士忌KAVALAN

台湾は ウイスキーもスゴイ

台湾では、中国茶・コーヒー・ビールの他に紅茶も栽培されているし、小規模ながら日本酒とワインも醸造されている。紹興酒は言うまでもない。さらに最近、本格的ウイスキー造りまで始まった。2008年創業、またたく間に世界のウイスキー通の注目を集めることになったKAVALAN＝カバラン・ウイスキーだ。

IWSC、WWAなど、権威ある国際的な酒のコンテストに次々上位入選。21世紀に生まれたばかりのウイスキーが、本場イギリスほか歴史ある外国勢に混ざって、賞をかっさらうのは尋常なことではない。ウイスキー＝北方の酒というイメージだったけれど、実は亜熱帯に属する台湾の気候は、味わいの早期成熟に最適なのだとか。台北に近い宜蘭《イーラン》の蒸留所で生み出される高級シングルモルトは16種類。

ビンテージポルトの樽で熟成したスモーキーなCONCERTMASTER他、数種を啜《すす》ったことがあるが、うなってニヤつく出来栄えで、いずれも果実を感じさせる複雑で深い味わい。静謐《せいひつ》でほのかに明るい余韻が南方を感じさせ、田中一村の絵が唐突に思い浮かんだ。

この名酒、台湾であれば空港内をはじめ全土で手に入る。高雄では紹介した『喜達絲飯店《シーダースゥファンディエン》』（P138）の斜め向かいに、台中も駅前に直売店がある。日本で買うより安い（でもそこそこのお値段）ので、ついでがあれば訪れてみては。

●ＩＷＳＣ、ＷＷＡ
ＩＷＳＣはインターナショナル・ワイン・アンド・スピリッツ・コンペティション。イギリスで開催される世界の優れたワイン、スピリッツを認定する品評会。わが国のサントリー「山崎18年」が最高賞を受賞している。ＷＷＡはワールド・ウイスキー・アワード。こちらもイギリスで開催されているウイスキーの国際的品評会。過去にはわが国のニッカ「竹鶴17年ピュアモルト」が世界最高賞を受賞している。

●田中一村
奄美大島の自然を愛して描き続けた孤高の日本画家。日本のゴーギャンとも称される。奄美の自然を描いた絵は、南方の暑さを感じさせながらも不思議な涼しさがあり、一度見ると強烈な印象を残す。

●直売店はMAP P168 C-4（台中）／P171 C-2（高雄）

第2章

はみだし買い物

衣服、雑貨…男性的購物趣指南

男寄り目線でオモシロ雑貨めぐり

「散歩の達人」誌で時折、雑貨の取材記事を担当させてもらっているモノ好きの端くれとして、台湾での買い出しにもけっこう真剣に向きあっている。

台湾におもむく時は、

★せっかくなのでMIT（メイド・イン・タイワン）製品にこだわる。

★使い込めそうな実用品や服など、つかの間のおみやげで終わらない品を選ぶ。

★安さを求めすぎない（台湾でもイイもののお値段は、日本と大差なし）。

この条件を指立て3本確認しつつ、例外上等という姿勢で臨んでいる。

MITのオリジナル製品は、応援はしたいもののセンスは変にかわいすぎたりしてイマイチ、わざわざ持ち帰らなくてもねえという品が目に付き、散財しすぎずに済んでいた。ことにオトナ向けの男ものがそうだった。

ところが年々雑貨のセンスが向上し、みがきがかってきている。そのことを財布の痩せ具合から、訪れる度にひりひりと実感している。

◉ブループリント
コピーが普及する前、設計図は半透明のトレーシングペーパーに描いたものをジアゾ式という方法で複写していた。青焼きと呼ばれるやつで、地がブルー、線が白くなる（ないしはその逆）。劉國滄氏の壁画がブルーなのは、描く建物の時代性を強調するための、必然の色なのだ。建築家らしい発想である。ちなみに「人生の青写真」なんて言い回しの時の青写真もブループリントに由来している。今の若人がわかるわけもないよね。

イカす店の数も増えている。今回紹介する高雄・台南・台中だと、倉庫や宿舎をまるごとリノベーションし、ギャラリーなど文化的要素を併せ持つ商業スポットに仕立てた場所が増えてきている。台北には煙草《たばこ》工場跡地を用いた「松山文創園區《ソンシャンウェンチュアンユァンチュ》」、酒工場の跡地に立つ「華山《ファシャン》1914文創園區」という有名スポットがあるけれど、それと同じ趣向。文創《ウェンチュアン》＝文化創意というのがキーワードで、過去の素材を活かし新し文化を生み出すことを意味する。台湾政府が力を注いでいる文化事業の柱のひとつでもある。玉石混交ながら、味のあるショップが密集しているので、雑貨めぐりの足がかりには丁度いい。

まずは台南。2015年オープンの「藍晒圖文創園區《ランシャイトウウェンチュワンユェンチュ》」は、1962年に建てられた司法関係の宿舎の棟をリノベーションした商業施設。台南一大きなデパート「新光三越・台南新天地《シンゴンサンユェ・タイナンシンティエンディ》」の向かいなので、場所もわかりやすい。

名称の藍晒圖とはブループリント＝設計図のこと。展示されている劉國滄《リュウグォツァン》氏の作品名に由来する。劉氏は建築家でもある地元台南アーティスト。飲み天国の海安路に、諸々の事情で切断された状態で放置されていた古民家の断面があり、それにかつての室内の様子を、透視図法でもって設計図風に描いた実物大の壁画で知られる。

海安路の作品は2015年1月に老朽化のため取り壊されたが、こちらに造り直されて移転。同じ手法を用いて、この地にあった古い宿舎の断面に、かつての内部の姿、この場所の時代の記憶を描き込んでいる。だまし絵風に描いた壁画の中に入り込める

◉劉國滄

劉氏は台南の観光ゾーンを一瞥しただけでも、リノベーション・ホテルの「佳佳西市場旅店」、古民家のリノベカフェにしてビギナー向け民宿でもある「正興咖啡」、新名所となった「林百貨」などの室内設計、さらには海辺の史跡地区安平の名物・巨大ガジュマルに覆われた「安平樹屋」の設計と、今の台南を代表する仕事に数多く携わっている。ここ「藍晒圖文創園區」といい、ワレワレ観光客は、劉國滄ワールドに何かしら足を踏み入れているのである。

◉藍晒圖文創園區 社區自造 Made in Community

台南市南區西門路一段689巷
13時～21時 (火)休
MAP P170 C-3

ようになっているのがミソで、観光客が記念撮影に列をつくっている人気ぶり。けっこうな話だが、誰もが由来を知っているかというとビミョウかも。作品として理解して接した方が味わいは深まる。

　エリア内には、雑貨・器・アクセサリー等約30軒のショップやギャラリーが、古民家風の長屋に連なる。ライトアップがキレイなので、夕方以降が心地いい。

　雑貨的に1軒推すならBLUES1棟の『社區自造《シェアチュズーザオ》 Made in Community』だ。社區とは日本の町内会を文化的にした集まりみたいなもの。台南各地の社區の集まりのアンテナショップで、エコ志向が高く手作りの石けんなどを販売。町内会の割には、大手の下手な雑貨よりセンスがよくてビックリ。台湾のディスカウントストアとかでよく目にする、緑のチェックの安手のナイロンバッグを、二重にして底にマチを付け、長持ちするようにしたバッグはなかなかのアイデア。購入してご近所の買い出しにぶら下げている。しっかり作り込んであってこりゃいいや。

　台中では「藍晒圖文創園區」と同じく2015年オープンの「審計新村《シェンジィシンツゥン》」。こちらは1969年に建てられた元公務員宿舎の棟を丸ごとリノベーション。2階建ての渋い家屋がコンパクトに仕切られて、若手作家の工房やショップになっている。手作り雑貨各種、マイナーCDショップ、スタイリッシュな床屋、文具、カフェ店など、若々しい小店がごった煮になって賑わっている。

　オススメは『布菈瑟《ブーラースゥア》 Blossom ―鐵花窗生活設計《ティエファチュアンシャンフォシュアジィ》』。鐵花窗＝古民家の鉄製の窓

◉審計新村
台中市西區民生路368巷1弄
MAP P27

◉布菈瑟 Blossom
―鐵花窗生活設計
審計新村内
11時～18時 ㊋㊌休
MAP P27

◉駁二藝術特區
高雄市鹽埕區大勇路1號
MAP P171 C-1

枠のデザインを食器などに取り込んだ雑貨の手作り店。窓枠の錆《さ》びなども味として再現しているころが乙。試しに箸置きを買ってみた。鉄の窓枠の交差している部分を表現しているのだけど、箸置きとしてはバラさないと使えないから見ただけだと正体がわからない。残念。

すぐ脇の向上路一段79巷66弄という路地にも、雑貨やインテリアなどのしゃれた小店が密集し始めている。こちらもついでに見てみる価値あり。

さらに「審計新村」から北上すれば、数分先に「緑光計畫《ルイグアンジィファ》」もある。台中水道局宿舎だった古い棟を改装し、ショップやカフェが集まる複合施設としてひと足先の13年にオープン。こちらはより若向けな印象。前回の本でも紹介した中国茶の『無藏茗茶』がある場所で、オリジナル・ランプを製造販売する『C.L Studio』が新たにできた。木材を使い、電球をことさら見せるようなデザインがオモシロイ。

高雄だと波止場の倉庫街をリノベーションした、「駁二藝術特區《ボォアーイーシェトゥアチィ》」。スタートは2002年だが、形が整ってきたのはここ数年。1973年に建てられた雰囲気あるレンガ製の倉庫群をそのまま利用。道路のあちこちに立体作品が並び、内部にはギャラリーやライブハウス、飲食店や様々なショップが入っている。

脇の運河から心地よい風も流れてくるし、散策にはいい。長さ約600メートルの広い敷地はナメて歩くとヘタばりそうになるけれど。ロボットの巨大模型や、マスコット風オブジェとかも並び、幅広い年齢層にアピールしている。

◉緑光計畫
台中市西區中興一巷11號
C.L Studio
12時〜20時 ㊊㊋休
無藏茗茶
10時〜19時 無休
MAP P27

◉POI 客製衣
高雄市鹽埕區大義倉庫C7-3
11時〜19時(㊏㊐〜20時)無休
www.poi.tw
MAP P171 C-1

東京でいえば、ギャラリースペースを大きく取ったお台場といった感じ。ショップもけっこう入っているが、お台場同様ここならではの地方色はあんまりない。日本と大差ない内容のオシャレ文房具店とか、サブカル色のないヴィレッジヴァンガード風の雑貨店とか、なげやりな雰囲気のMITグッズ専門店などなど、オッサンな買い物という点では正直イマイチ。

とはいうもののMIT雑貨の『好,的《ハオダ》』、台湾のツタヤと言える巨大ブックチェーン「誠品書店」の営む『誠品生活駁二店《チャンピンシャンファフォアーディアン》』があって、高レベルのオリジナル雑貨類なども並んでいるし、カジュアルなカスタムメイドのシャツの店、『POI客製衣《カァディイー》』も台北から出店。カスタムメイドじゃ仕上がるまでの時間があるし、旅行者には関係ないかと思ったが、その場で購入できるシャツやTシャツもある。無地のTシャツを試しに購入してみたが、柔らかい肌触りの質のいい品で形もキレイで愛用。おかわりほしいな。

お次に街中にばらけて潜む個性派店に足を向けてみよう。

まず台南で『Mr.old 老派人生《ラオパイレンシャン》』。最初訪れた時、おおっと喜びの声を上げてしまった。ビンテージ感たっぷり、ゴリゴリのワーク系ファッションを揃えた、ガチの男ものののセレクト・ショップだったから。

そもそもワーク系の服は、仕事着や軍ものがベースになっている。社会にそれなりに余裕がないと、仕事着や軍ものが身近すぎて、オシャレとして認知されにくく、商品になってくれない。だいたいモテるような服じゃないし。少数ながらもこういう店

◉好,的
駁二藝術特區
高雄市鹽埕區大義倉庫C8-9
10時～19時 ㊊休
MAP P171 C-1

◉Mr.old 老派人生
台南市東區府東街26號
10時～20時 無休
mroldselect.blogspot.jp
MAP P170 C-4

があるということは、今の台湾の生活の質を裏付けているともいえる。

日差しの明るい店内の壁ぞいに衣類、中央にオリジナルのバッグや小物類が渋く並ぶ、男好きする店内。「SUGAR CANE」など和物にまざって、日本未上陸のMITのワーク系もまざっている。見つけたからには、身につけましょう試しましょう。この手の服をさんぽの制服とかとうそぶいていることもあり、ツマに五体投地して承諾を受け1枚購入。

「PUREEGO」という台湾ブランドのワーク・シャツで、チンストラップの第1ボタンや、大きなフロントのポケット、裾のデザインなど、ビンテージ物のディティールをたっぷり落とし込んでいる。完成度はあと一歩だけども、熱意は多いに伝ってくる。胸ポケットに色々入るし、さんぽ着としては便利で上々だ。

台南では、他に「oqLiq」というブランドの品にも手を出してみた。もちろんMITでモード寄りの服。女性ものもある。『Mr.old 老派人生』でも扱っているのだけど、台南駅近くに唯一の『概念店《ガイニィエンディエン》』＝コンセプトストアがあると知って足を延ばした。

ひと坪サイズの小さな店に、攻めてる服がぎっしりで、日本のハッピ風の羽織り物をNoragiと銘打って展開したりしてる。デニムや迷彩柄など今風の生地を使った不思議なテイストで、泥臭くなりそうなところが洗練されているなかなかの出来。日本のブランドだとOKURAに近いかもしれない。

人生は冒険だ、台湾も冒険だと、迷彩柄のNoragiを試しに購入。肌寒いときに軽

●oqLiq 概念店
台南市中西區興華街10號
14時～22時　無休
www.oqliq.com
MAP　P170　C-4

●Noragi

古い窓枠に魅力を見いだし、箸置きにデザインした『鐵花窗生活設計』。着眼点がオモシロ。

『兩眼一起』と『實心裡生活什物店』で手に入れた文具の数々。いずれも完成度高し。

外見もかわいく個性的な『目目商行』。

『原品・生活選物』で購入した何度も使える金属ストロー。あまり使わないけど。

『両眼一起』は店同様、お客もセンスがいい印象。

台湾の凝り凝りCDはグリコのおまけみたい。中身の音楽も負けてはいない（88 ページ）。

く羽織るのに丁度いいのだけど、自分が着ると暴走オヤジにしか見えない。

暴走といえば「道南館（43ページ）」の店主夫婦が着ているのもoqLiqのTシャツ。アニメ「エヴァンゲリオン」とのコラボで、物語のキーワードをデザインしたそうな。

一方台南には、まだ観光客に知られていない文具の個性的名店もある。『OOuuu\ 兩眼一起《リャンヤンイーチィ》』は最近、新美街から台南孔子廟方面に引っ越してビル2階に潜んでいる。1階にエビ入り蒸し団子の名店「友誠蝦仁肉圓《ヨンチャンシャーレンロウイエン》」が入っているので、ここで小腹をあっさり満たしてから、裏手の入り口に回って3階に上がるのが個人的にはお約束。

繊細そうなご主人が営む店は、独自の選別眼でビンテージ／新品／国を問わずに集めた文具が、ライトなレトロ感ただよう店内に、センス良く置かれている。たとえばボールペン。ヨーロッパ・東南アジアを問わず、イカすデザインの品各種を説明カードとともに陳列。タイに、ポーランドのデッドものなど、丁寧に工夫して並べてあり、文房具愛が満ちている。

日本では、店主の好みを強く打ち出したブック・カフェが増えているが、それの文具版といった趣。どことなくユーモラスなオリジナル・ポストカードとTAPE NOTEなる画用紙帳を購入。画用紙帳は紙のくびれに輪ゴムを通し、紙をしっかり固定させつつ、一枚ずつはずしやすくなっている（76ページ写真下左）。

最近、入店の仕方が追加され、ちと面倒になったのだけど、台南に行くたびしばし

◉ OOuuu\ 兩眼一起
台南市中西區開山路118號3F
15時～20時 ㊌㊍休
入店方法要確認
www.instagram.com/ oouuugoods
MAP P170 C-4
●現在、入店には予約が必要。日本人の場合、①www.oouuu.coで商品チェック。②ページ右上「MESSAGE」を押し、見たい商品と訪れたい日時をメール（英語か中国語）。③当日建物の1階入り口で3階の呼び出しボタンを押し名前を告げる。というイージーな形で入店可。

◉ 聚珍臺灣
台南市中西區開山路3巷1號
13時～21時 無休
●藍晒圖文創園區（71ページ）に支店あり。
www.gjtaiwan.com
MAP P170 C-4

ばのぞいてみたいオトナの文具店。

ここから徒歩10分圏内にある『聚珍臺灣《ジュヂェンタイワン》』は、台湾関係の書籍とグッズがぎっしり。さながら台南の街角ミュージアムショップといったところ。こちらも一見の価値ありだ。すぐそばの古民家をリノベした『White do 白做研究所《バイズオイエンジウスオ》』は女性雑貨・衣類のセレクトショップ。セレクトのセンスが大人カワイくてツマが吸い込まれた。

地元っぽいものを探すなら『大漢美術用品社《ダーハンメイシイヨンピンシャー》』という店もある。文具と画材の大型専門店。ざっくりした佇まいからしていかにも地元している。ドメスティックな味のある、ごく普通な文具・画材を揃えている。この店だけのためにわざわざ出向くほどではないにせよ、先に紹介した『oqLiq 概念店』から徒歩数分なので、ついでに行くならおおいにアリ。

高雄だと「高雄捷運《ガオションジエユィン》」こと高雄メトロの美麗島駅。天井に幅30約メートルの巨大なステンドグラスをはめ込んだ構内の円形広場で世界的に知られているが、この広場に面した地味な商店街の一角に、MITのシューズメーカーの数少ない直営店が何気に入っている。PUHUこと『彪琥《ビャオフー》』だ。創業は1988年。靴全般を製造販売。日本の靴メーカーでいうとムーンスター（月星）に近い印象。

ツマが夏向きのカジュアルな紐靴を試し履きしているが、しっかりした作りでかなり履きやすいよとのこと。女性ものは台風の多い土地柄か防水しっかりの底厚で模様

◉White do 白做研究所
台南市中西區開山路3巷20號
13時〜18時　無休
MAP　P170　C-4

◉大漢美術用品社
台南市東區青年路258號
10時〜22時　無休
MAP　P170　C-4

◉PUHU
彪琥　高雄美麗島店
高雄美麗島駅　構内10号出口近く
12時〜21時　㊋休
www.puhu.com.tw/shop
MAP　P171　B-2

がかわいいパンプスとかよさそう。男ものならスニーカーのもっさり加減がいい味だしている。モノ好きなら、一見する価値はある。

台中は、雑貨系のアジな店が増えていて本当に困る。しかも密集していてぶらりと歩き回れてしまうのだからブツ欲を刺激されまくって本当に困る。

まずは『生活商社《シャンフォシャンシュア》』。ユニセックスというか、男向きのハンドメイドのエプロンやトートバッグが揃っている。男もののエプロンが揃っているのは珍しい。雨に強いワックスキャンバスの布を使った革の取っ手のトートを思わず迷わず購入。使い勝手のいい内ポケット2つ付き。質実剛健で、取材などに行くときも使いこんでいる。修繕もしてくれるっていうし、同じようなのを日本で買ったら倍はするだろう。

『覓静拾光《ミィジンシーグワァン》』は、万年筆メインの一軒家の文房具カフェ。店内の半分がカフェで、残り半分が売り場。内外の万年筆各種を試し書きコーナーで試すことができる。

実は最近、わが国の万年筆マニアの間で、リーズナブルで書きやすいと注目されている三文堂ことTWSBIという台湾メーカーの万年筆がある。

実物を見たいと思っていたところ、やはりといいましょうか店で扱っていて、ペン先はステンレスながら、紙にのせるだけでさらりさらりと軽く文字が描ける。胴体が透明なので、インクの残り量が一目でわかるし、握る部分が多面体になっていて握りやすい。しかも、簡単な専用工具付きで自分で分解掃除もできるときたもんだ。実物

◉生活商社
台中市西區五權西五街88巷30號
13時～19時 ㊊休
MAP P24

◉覓静拾光
台中市西區精誠九街10號
13時～21時
(㊏10時～、㊐14時30分～19時) ㊊休
MAP P169 B-2

●審計新村の2号店
台中市民生路368巷2弄
13時～21時 (㊏㊐10時～) ㊋休
MAP P27

で確認しちゃうと、やっぱりといいましょうか、購入。約1500元。わずかながら入ってくる輸入品より安い計算。「審計新村」（72ページ）に2号店もできたが、カフェスペースはなく、週末あたりは混みすぎて品定めどころではなかった。買うつもりなら本店のほうがオススメ。

なんか自分ばかり浪費しているみたいだけど、台中ではツマも負けてはいない。競っているわけじゃないけど。

『目目商行《ムウムウシャンハン》』は工房を兼ねたカワイらしい自作眼鏡店。オーソドックスなシルエットの中に繊細さを宿す品が多いが、新しい眼鏡を探していたツマが、珍しい色合わせの品を見つけた。付属品の袋やケースがまたかわいいのなんの。約2700台湾ドルだから日本円で約1万円でお持ち帰り。作りもしっかりしている。

オシャレでロハスな『Retro Mojo Coffee』（51ページ）で出されたアイスコーヒーのストローが金属製で、使い回しできるし、しゃれててイイねえとか夫婦で思ってたら、台湾の神様のおはからいで『orin 原品・生活選物《ユァンピンシャンフォシュアンウー》』という雑貨店で見つかってしまった。神様、商売上手なんだからあ。

この大型店は、国にとらわれない雑貨がびっしりで日本で見かけない海外製品もちらほら。金属製ストローは台湾製で、タピオカミルクティー用の太いサイズまで揃い、洗い用のブラシもあり、気合が入っている。金属の質で値段も2種類ってこだわりよ

●目目商行
台中市西區大忠南街82巷40號
15時～20時（土日14時～）月休
MAP P24

●orin 原品・生活選物
台中市西區向上北路120號
11時～20時　無休
www.orin.com.tw
MAP P27

う。安い方を購入。タイのメーカー TA.THA.TA の帆布バッグも、色合わせのセンスがいいし使いやすそうだったなあ。

古参格の雑貨店『CameZa+』は大人っぽい内外の雑貨を扱うシックな店。オリジナルの竹製トングやスプーンはお値打ち価格の掘り出し物だった。近くの和雑貨の『六街職人手仕事《リウジェリーレンショウシーシー》』も、一応のぞいてみたら日本で見たことのない、金属製の小スプーンを発掘。適度な重さがあってプリンやアイス用に丁度いい。こういうことがあるから、和雑貨系の店も油断できないよなあ。

前回の本でもちょっとだけ取り上げた『實心裡生活什物店《シーシンリーシャンフォシュンウーディエン》』は、やはりとてもセンスのいい店で、BGMは知る人ぞ知るECMレーベルの静謐《せいひつ》な音楽（CDも販売）、内外から取り寄せた品だけでなく、地域密着のオリジナル文具なども手がけている。22ページの写真は、お寺とコラボしたスタイリッシュな写経ノート、書きやすく、色で区別しやすいので、ツマが普段使いに購入。合わせてオリジナルの旅行用ノートを購入。ノート部分はマス目数種、収納袋付きで、旅の記録をまとめやすく工夫。表紙は台中をテーマにした色々なイラストがあってそれもまた楽しい。

岡山では、みるからに何かありそうな渋い雑貨屋『協興商行《シェンミンシャンシン》』でみけたアルミの素朴な器。外観に惹かれてって思わぬ掘り出し物発見となった。こういうのも、探すとあ

◉ Came Za+
台中市西區五權西五街20巷7號
11時～20時（金土～21時）月休
MAP P24

◉ 六街職人手仕事
台中市五權西五街88巷11號
13時～20時 月休
MAP P24

りそうでないんですよね。

こうしてみると突出して台中で買い漁っているのに気づいた。おみやげ品ではなく、普段使いのいいものと出会いやすいのだから仕方がない。

そして台中ではさらに、台湾パナマまで足と手を延ばすことになった。

『協興商行』のアルミボウルと、『Came Za +』の竹製トングとマドラー。お手頃価格なのも○。

◉實心裡生活什物店
台中市南屯區大容東街10巷12號
13時30分〜19時（土11時〜）
日月火休
MAP P169 B-1

◉協興商行
高雄市岡山區開元街6號
8時〜21時　無休
MAP P165

一起去買吧！有深度的大甲帽

台湾パナマを求めて台中はみだし遠足

台中の大甲《ダアジャア》という場所は、三角藺《さんかくい》というイグサに似た草の産地で、茎を使っていい莚《むしろ》が織れるんだそうな。日本の統治時代にはこれを使った帽子も作られて、大甲帽《ダアジャアマオ》あるいは台湾パナマの名称で愛用され、輸出もされていた。台湾で偉人として慕われ続ける八田與一も愛用していたという。

それも大昔の話となってしまったけれど、今でも大甲近くの苑里《ユアンリィ》に、老舗がわずかに残っているらしい。台中から電車で行けるらしいと知って、以前からずっと気になっていた。そもそも自分は帽子好きで、出かける時は必ず何かしらかぶっている。時にハゲ疑惑が持ち上がったりするのだけど、すみませんむしろ多毛気味です。

それゆえ、台湾さんにはまり込むにつれて、どうしてもかぶってみたくなっていたのが台湾パナマなのである。それも、昔ながらの生活に解け込んでいるやつを手に入れてみたい。幾度目かの台中を訪れたある日、中心地からは少し距離はあるものの、遠足気分でついに出かけてみた。

◉八田與一
日本統治時代、台南の烏山頭ダム建設を指導した日本人技師。ダムの完成により、不毛の地だった嘉南平原は台湾最大の穀倉地帯に一変。さらに台湾人を思いやる指導ぶりなどから、八田は台湾では偉人として国籍を超えて尊敬されている。
烏山頭ダムのほとりにはダムをながめる八田與一の銅像が設置されているが、２０１７年、大陸（中国）関係の軋轢（あつれき）が、無関係な八田に飛び火して、暴徒により頭部を切断される騒ぎに巻き込まれた。八田さんもビックリである。

台中から台湾パナマの老舗へは、在来線・台中駅から電車に乗り込み、苑里駅まで行けばいい。停まる電車は少ないので予《あらかじ》め時刻表で調べ、區間車《チュジャンチャー》=各駅停車に乗って70分ぐらい。あれ、意外に簡単だぞ。

在来線の線路は、台中あたりで内陸と海側に分岐し、再び合流するルートをとる。山線《シャンシェン》という内陸ルートがメインで、台中駅もこちら側。海側を走る方が海線《ハイシェン》で、地味な分、昔ながらの素朴な駅が残っていたりして、その方面のマニアにはたまらない。観光で出かけることは少ないエリアだ。苑里駅はこの海線にある。

到着して降りてみると、のどかな田舎町の風情である。東京でいうと立川の先の青梅駅あたりが思い浮かぶ。駅前の為公路という大通りに入り、1本目の十字路を左折。しばらく歩いて交差点を越えた辺りから、赤レンガが剥き出しになった柱が目に付く2階建ての古い建物が並びはじめる。苑里老街《ユァンリィラオジェ》と呼ばれる古い街並みに入った証しだ。観光地でないから本当に地味で古ぼけた、生の古民家が並んでいる。その通りのただ中にある水色の店が老舗帽子店の『振發帽蓆行《チェンファマオシーシン》』。ロケーションといい店舗の雰囲気といい、味出まくりである。

3方の壁を占めるガラス戸の中は台湾パナマでいっぱい。思ったより種類が豊富で、筵やサンダルなどもある。帽子は使い勝手から軽い紙製（といってもかなり丈夫）の品もあるので確認したほうがいいかも。3代目のご主人によると、その昔、時の権力者・蔣中正《ジャンチョンチャン》こと蒋介石の夫人、宋美齢《ソンメイリン》も愛用。上流階級の出身でニューヨーカーだっ

●時刻表

台湾の電車は、年々外国人にも使いやすくなっている。台湾新幹線=高鐵は、サイトにアクセスすれば日本語で予約できる（ただし窓口でチケット受け取りは英語か中国語）。
https://www.thsrc.com.tw/index_

た彼女の注文で作ったというオリジナル帽も奥に展示されている。宋美齢は帽子にサングラスを載せてかぶっていたそうで、イキなもんだ。

店であれこれかぶって悩んだ末、夫婦でそれぞれ購入。女ものの方がバリエーション豊かでちょっとくやしい。

しっかりした手作りの品で、網目もそこそこ細かい。どことなく、ヌクユルな雰囲気も気に入った。頭部の側面に飾り穴が切ってあることもあって、かぶってみると頭部が蒸さないで快適そのもの。結構帽子って、極熱の時期はかぶっていると、頭の中が蒸して難儀するのだけども、さすが南国の帽子という感じである。紙袋もカワイイ。

苑里老街のさんぽを含めて、モノ好きにはオススメの半日コースですよ。

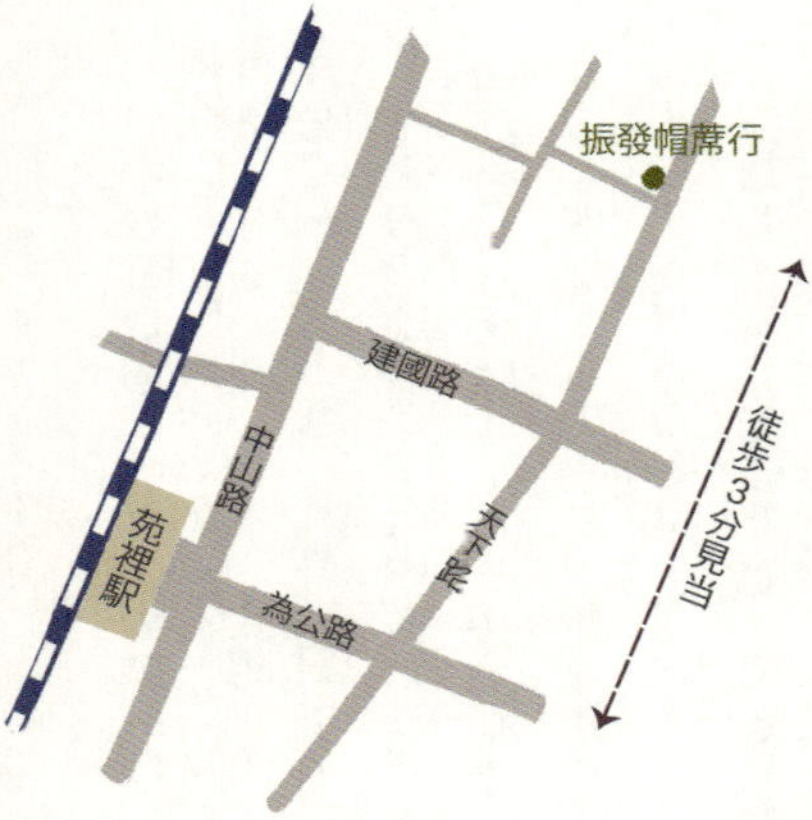

◉振發帽蓆行
苗栗縣苑裡鎮苑天下路159號
8時～20時30分　無休
MAP　P168　A・4

台灣製造CD、很有他的堅持

見るだけで楽しい台湾の凝り凝りCD

現時点で見る限り、台湾では紙の本や印刷物が、日本よりもまだパワーを持っている。その熱気に触れるたびに、ちょっとうらやましくすら感じたりする。凝った印刷の専門誌や、装丁本を本屋で眺めるだけでも楽しい。下の写真は川端康成の中国語版。布張りで、表紙タイトルと挿絵は刺《し》繡《しゅう》だ。著者への敬愛の念が伝わってくる。

さらにオモシロイのがCDだ。パッケージに異常に凝っているものがちょくちょくある。CDショップに行くと、棚に収まらない変形タイプが最上段とかにまとめてあって、凝り凝りコーナーになってたりしておかしい。

自分の場合、CDは YouTube や日本の事情通の台湾ポップス・サイト等で目星を付け、時々台湾で買い込んでくる。日本ではアマゾンですら手に入りにくいし、送料が浮くからなのだけど、店で実物を目にしてからびっくりさせられることがある。ウ

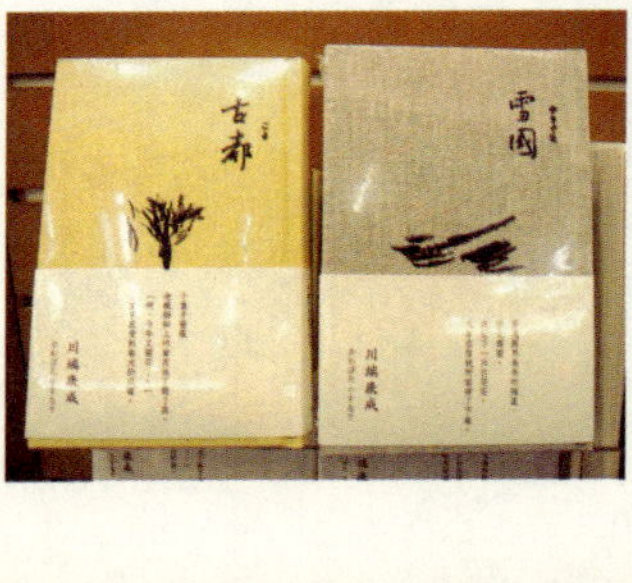

◉川端康成の中国語

ケ狙いで作られているわけではないのだけど、それにしてもなのである。

ララ・スーこと徐佳瑩《シュジャーイン》は、コンテスト番組で衝撃的デビューを飾った、天性のシンガー・ソングライター。メロディーラインが美しい叙情的な曲を、表情豊かな声で歌い上げる。若々しい2枚目のアルバム『理想人生《リーシャンレンシャン》』は、本体ケースが段ボール製。3枚を貼り合わせ、くりぬいた中にCDケースと歌詞が押し込まれている。意図的なのか作りが雑で、こめかみに血管浮かぶくらい思いきり振らないと中身が出てこない。曲はいいのにぃとかつぶやきながら、聴く度に振り振り首をかしげる。

ペギー・シューこと許哲珮《シュージャアペイ》もまたシンガー・ソングライターで、独特な幻想世界とフレンチポップス風のキュートな歌声が特徴。三拍子のワルツのみで曲をまとめるというコンセプトも野心的な7枚目のアルバム『圓舞曲《ユエンウーチィ》』は凝り性が炸裂《さくれつ》。実物見てびっくりした。ケースは化粧箱風のボックス。上蓋を開けるとCDとバレリーナが出現。下は引き出しで、中に絵本風の歌詞冊子。しおりのリボン付きで、先が赤い靴になっている。完成度の高いアルバムで個人的にはキライじゃないが、オッサンとして開ける度にひとりで照れている。

大御所シンガー・ソングライター、ジョナサン・リーこと李宗盛《リーゾンション》の「山丘《シャンチィウ》」は、YouTubeでギター一本で切々と歌い上げる様にぐっときて、探し当てたら、1曲の

◉陳玫熹
『After 75 Years』

みのシングル盤で木製フレーム入りと知りうっと呻《うめ》いた。人生を歌い上げた、いぶし銀の名曲ではあるけれど。

ニューヨークで活動する台湾人ジャズシンガーの陳玟熹《チェンメイシー》の『After 75 Years』は、日本でサックスプレイヤーとして活躍した祖父が遺《のこ》した編曲楽譜を彼女が偶然発見、それを軸に作られたアルバム。CDケースは手紙を束ねた冊子になっている。妻子を捨て日本に渡らざるを得なかった祖父の心情と、渡米して人生を送る彼女が、手紙を通し、時空を超えて語り合うという趣向。

手紙は日本語・中国語・英語で認《したた》められ、祖父の手紙は古びた感じを便箋までリアルに再現。わけあって台湾を離れた者同士の対話から、歴史に翻弄《ほんろう》される台湾の姿がほんのり浮かび上がってくる、まさに人生のドラマだ。もっと注目されていい名品だと思うんですけどねえ。収録曲は戦前の流行歌やジャズナンバーで中国語で歌われる。服部良一の蘇州夜曲の中国語バージョンにうっとりだ。

紹介した中で一番高いペギー・シューのCDでも現地で500元ぐらい。2000円しないんだもんなあ。個人的に漁りに行っているCDショップ・チェーンの「五大唱片《ウーダァシァンピェン》」を紹介しておく。台南と高雄は駅近くにあるのでちょい隙間の時間があったら、ひやかしに行ってみては？

◉五大唱片
台南北門店
台南市東區北門路一段42號
10時〜22時　無休
MAP　P170　C-4
高雄中山店
高雄市三民區中山一路311號
10時〜22時　無休
www.5music.com.
MAP　P171　B-2

Column 2

哈哈哈、很刺激的空中樂園

高雄の屋上遊園地でひゅん体験

高雄メトロ駅の徒歩圏に『大立百貨《ダーリーバイフォア》』という地元デパートがある。全体を覆うモアレ調の白壁が高級感をかもしだしている大きな建物は、内部で2つに分かれていて、一方が高級商品エリア。残り半分は、昔ながらの庶民的なエリア。東京でいえば新宿の京王デパートあたりの雰囲気か。このエリアの屋上13階に上ってみると、あらまあ懐かしい、『大立空中樂園《ダーリーコンチョンラァユェン》』なる屋上遊園地があったりする。

乗り物は海賊船、回転木馬、豆電車とか5種類あって、なかなかの充実ぶり。乗るには服務台＝フロントにある窓口で金属製のコインを購入する。これがチケットとなり、乗り物ごとに定められた枚数を渡して乗る。海賊船は悪酔いしそうだったので、單軌列車＝豆電車に乗ることにした。大人子供の区別なく1人コイン14枚。ツマとの2人分28枚を、お姉さんにじゃらりと手渡す。コインは重いしかさばるし、手渡しなら紙チケットでいいじゃんと思ったものの、ジャパニーズ・スマイルで乗り込む。

平日の昼間のせいか無人に近く、乗客はワレワレのみ。まもなく、豆電車ががたこんとゆっくり進み始めた。お子様の乗り物、大したことないさとナメてかかっていたら、屋上の脇ぎりぎりまで進む事実に気づいた。見下ろすとかんなり怖いんですけどこれ。年代ものの豆電車は、13階の高さのある屋上の縁を無慈悲にゆっくり進んでいく。時折ガタゴト揺れるし、男であれば自分でなくともひゅんとなるはず。

思いのほかスリリングな豆電車旅行は数分で終わり、ワレワレはビミョウな表情をうかべて、遊園地を後にした。まさか台湾来て昔ながらの屋上遊園地で遊べるとは。これいつまで残ってくれているかなあ。

●大立百貨 大立空中樂園
高雄市五福三路59號 本館屋上 11時～20時（㊎～22時30分、㊏11時～22時30分 ㊐10時30分～22時）
MAP P171 C-2

第3章

知られざる台中さんぽ

我是台中迷

台中にはあの頃の春と秋がある

台中は台湾第3の都市。日本における名古屋の立ち位置である。名古屋がそうであるように、旅先としてはイマイチ人気がふるわない。

だけど3番目というのは、街の規模を指示しているだけのこと。魅力も3番とは限りませんよ。しかも最近、高雄にかわって人口では第2位になったというし。何よりさんぽするにはもってこいなんですぜと、台中びいきとしては、声を大にして訴えたい。

台北から高鐵＝台湾新幹線で1時間あまり。初めて台北を離れ、台中駅に降りたった瞬間を今でも覚えている。台北とは明らかに異なる、のどかな空気にふれた途端、心がふわっとほぐれた。その感触は今も変わらない。

だが台中は、のどかだが田舎というわけでもない。レトロな旧市街とともに、現代建築の粋を凝らした台中國家歌劇院＝オペラハウスや、アジア最大の現代アートの牙城、國立台灣美術館など、今の台湾を代表するアート・スポットが充実。

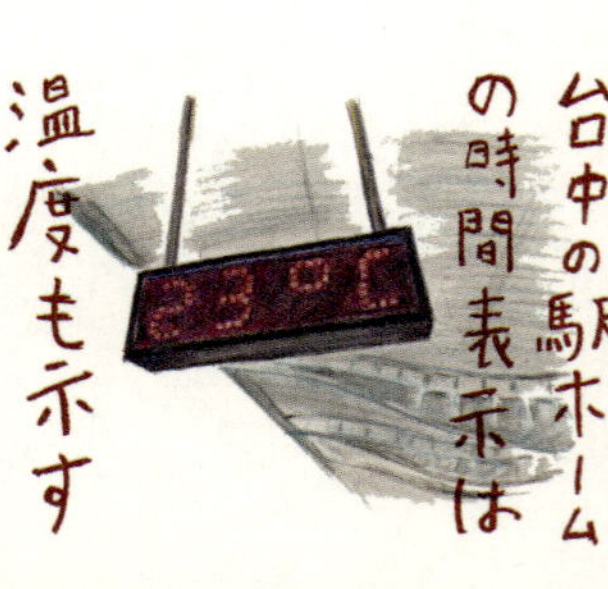

◉鼎王麻辣鍋　本店
台中市南屯區公益路2段42號
11時30分～翌6時（!）　無休
www.tripodking.com.tw
MAP　P169　B-1

國家漫畫博物館《グォジャーマンファウーグァン》＝國家漫画博物館も有する中臺灣電影中心《チョンタイワンディエンエンチョンシン》＝中台湾映画センターも建設が予定されている。

食のほうも、アジア・ベストレストラン50にランクインするフレンチの『樂沐《ラァムー》』からシブ喫茶街まで揃う味覚感性豊かな街。ほかにも日本店でもおなじみタピオカミルクティーの『春水堂《チュンシュイタン》』（101ページ）、絶品フライドチキンの『繼光香香雞《ジーグァンシャンシャンジィ》』、芳醇に辛い火鍋の『鼎王麻辣鍋《ディンワンマーラーグォ》』、素食＝（62ページ下）入門にももってこいのオシャレな『寬心園《クワンシンユエン》』あたりは、この地を創始店として、台北ほか各地で支店展開している有名店だし、経験的にもアタリの美味店が多い。

街のサイズもほどよく、街中にところどころ川が流れ、整備された緑道ともども街並みにほどよいアクセントを加えている。さんぽには申し分ない環境で、台湾の中でも特に肌になじんでしまい、夫婦ですっかりハマりこんでいる。

今、台中市内は再開発の最中。街を歩くと方々で新しい顔をのぞかせている。ワレワレは台中詣でを始めて約6年とまだ短いながら、それでもここ数年、行くたびに変化をじわじわ感じる。

再開発の目玉のひとつは台中捷運《タイチョンジュユィン》＝台中メトロの新設だろう。すでにお祭り騒ぎの中、日本製車両が陸揚げされ、数年内に開通予定。車で行くしかなかった街の中心部に高架線が敷かれ、ぐんと入りやすくなる。

そんな変化もあってか、わが国でも、そっけなく扱われていた台中市内のオススメ情報が、雑誌などで紹介されるようになってきた。台中ファンとしてちょっとうれしい。

◉在来線・台中駅

◉寛心園　創始店
台中市南屯區大業路287號
11時30分〜14時30分
17時30分〜21時30分　無休
www.easyhouse.tw
MAP　P169　B-1

また台中は台湾の中でも気候が温和で、地形的に雨が少なく晴れにあたる確率が高い。それだけでも魅力的だ。

近頃の日本は熱帯化が進み、肌寒い時期が過ぎるとなんだかすぐ夏で、猛暑が過ぎるとあっという間に寒くなる。以前は春と秋の、長袖シャツ一枚で丁度心地いい、ゆるゆるとした時期がもっと続いていたはずだ。

年間平均気温23度の台中では、その日本の春と秋に相応する気候が、10月～3月ぐらいにかけて継続する。その時期に訪れる心地よさといったらない。まさにヌクユル。柔らかい日差しの中、緑道をのんびり散策するだけで、日本で失われつつある春秋の心地よさを取り戻せる気がしてくる。この地が台湾の住みやすい場所上位に挙げられるのもうなずけるというものだ。

でもその温和さが、住み続けていると物足りなく感じることもあるらしい。雪が降ったり、台湾なみに蒸し暑くなったりする日本がうらやましいですヨ、なんておっしゃる住人もいたりする。人間って贅沢だなあ（笑）。友人の珊瑚さんである。

發現土庫里的魅力

珊瑚さんと魅惑の土庫里《トゥクゥリィ》

珊瑚《サンゴ》さんは、『ZASSO 草也《ツァオイエ》』というセレクトショップを営む女主人だ。國立台灣美術館にほど近い渋い住宅街をさんぽしていて、偶然小じゃれた外観の店を見つけ、興味を惹かれて、ひやかし半分に入ってみたのが事の始まり。

珊瑚さん「ニッポンノ方デスカ？」

ワレワレ「是是我們是日本人＝はいはい日本人です」

とかどっちが台湾人だか日本人だかわかんない挨拶を交わして親しくなった。開店以来４組目の日本人客だそうで、このあたり、それほど日本人が訪れてない様子。

『草也』は作家性の強い雑貨や女性服の和物をメインに扱う。２階のギャラリースペースも使い、流行にとらわれないセンスある良品を紹介。日本の作家ものが多いが、日本のみにこだわっているわけではなく、台湾作家の品もある。値段的には大人むけで、和物は日本で探しても手に入りにくい掘り出し物も多い。

毎年日本に出向いて仕入れする都合上、珊瑚さんは４割がた日本語がしゃべれる。

土庫里に
タクシーで乗りつける時
TSUTAYAの台中店は
日本人にはわかりやすい目印
TSUTAYA
DVD・藍光

◉ ZASSO 草也
台中市西區五權西六街72號
11時～20時 ㊊休
MAP P24

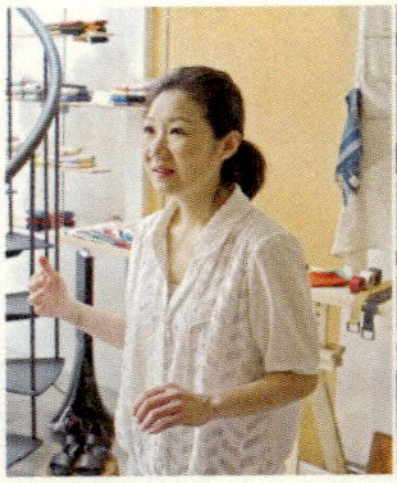

珊瑚さん

勉強中でちょい中国語ができるワレワレと、半端な語学習得者同士、かえって気兼ねなく話し合えるぞと話が弾み、友人になってしまった。人生なにが幸いするかわかんない。珊瑚さんは本名を梁碧珊《リャンビーシャン》という。自分がうっかり見間違えて珊瑚と覚えてしまったのだ。失礼きわまりない話だけど、キレイな名前だからいいですヨと、そのまま珊瑚さんでお付きあいさせていただいている。そんなおおらかな人柄でもって明るく接客しているのでファンも多いご様子。わかりやすいので本書でも珊瑚さんで通す。

珊瑚さん一家は、もともと台北の中心部、行天宮の裏手のエリアで薬屋を営んでいた。そこをたたんんで台中へ一家で引っ越し、店を始めたのが2015年。

台中を選んだのは「都会すぎず田舎すぎない」から。台北よりゆったり接客できるのもいいという。ワレワレが台中を愛でる理由と同じだから、深く肯いてしまう。

また、珊瑚さんの店のある地域は、土庫里《トウクウリイ》という。どことなく愛嬌がある地名だ。調べたら、かつて田園地帯に土壁の穀物倉庫が並んでいたことが由来だとか。ベトナム戦争時代、米軍がここに駐屯、洋風建築が立ち並び始めた。それまで残っていた日本式家屋と交ざり合い、独特な異国風情を形成。その頃の風情がそれなりに残っていて、やがて古民家をリノベした個人経営の雑貨店や飲食店などアジな店が出来はじめたという次第。ちょっと品がある地味な住宅街に、こっそり並んでいるあたりが、観光地化する前の代官山を彷彿《ほうふつ》とさせる。なんとも魅力的な物欲エリアである。

まわってみると日本の雑貨を扱う店が少なくない。日本と変わりばえしない店もあれば、『草也』みたいな独自の選択眼でしっかりした品を置く店もある。ワレワレと珊瑚さんみたいな、少したどたどしい日台交流が街中で繰り広げられている感じ。

なぜかパン屋も多くて、『春丸餐包製作所《ハルマルバオヂィズオスゥオ》』（41ページ）なんてコッペパン専門のパン屋もある。下北沢あたりにあったら行列必至でしょうなあ。『咖啡道《カーフェイダオ》』（52ページ）や『Retro Mojo Coffee』（51ページ）ほか、美味《うま》い本格カフェ、カジュアルな素食料理、ツウ向けな飲食店が多いのも魅力。

小じゃれた朝食地帯でもあり、8時台から開店のセンスよき軽食の店が何軒もある。『春丸餐包製作所』しかり、『早伴早餐《ザオバンザオツァン》』なんて店は朝から若人が行列をつくっている。

エリアの東脇にはバブリーな大型飲食店が連なる美術園道《メイシィユアンダオ》という緑道、北寄りの中央を横切る五權西路《ウーチェンシィルウ》の大通りにそってSFチックな富邦天空樹《フゥバンティンゴンシュー》なる巨大高層マンション他、リッチなビルが立っている。その裏手に、こんな個性豊かなオモシロいエリアが隠れていたとは……。台中の屈指のさんぽゾーンだと断言できる。

北の先はそのまま「審計新村《シェンジィシンツゥン》」や、朝の喧噪が楽しい「向上市場《シャンシャンシーチャン》」へと続き、その先の日系の「廣三《グァンサン》 SOGO」デパートのある台灣大道あたりが果てとなる。

街あるきに疲れたら、東脇の緑道の草悟道《ツァオウーダオ》で一息つくもよし。幅800メートル、南北約3・5キロにわたるこのあたり、美術館もあるし、モノ好きならここだけで台中をみっちり1日楽しめることだろう。地元・珊瑚さんの協力の下、つくってみた詳細なオススメ地図は24ページに挙げたとおり。近くに宿をとって、ぜひ台中あるきを堪能していただきたいものなのである。

◉早伴早餐
台中市西區五權一街104號
8時～16時　無休
MAP　P24

我愛上在老咖啡店的時光

渋喫茶ゾーンでヌクユルな朝食を

台湾では今時のイケてるカフェを文青咖啡《ウェンチンカーフェイ》なんて呼ぶ。文青《ウェンチン》とは文芸青年の略。本なら村上春樹を好み、繊細かつセンスある若き個性派ぐらいなニュアンスらしい。日本の「意識高い系」に近い感じでしょうか。それじゃ悪口っぽいか。台湾でも目につく「星巴克」＝スターバックスあたりは文青咖啡の定番で、ノートブックでも開いてる若人がいたら文青クン確定です。指をさすのはよしておきましょう。

文青な咖啡は入りやすいし熱意のある店も多く、玉石混交でものすごく増えている。一方で、日本の渋喫茶に相当するアジな店だってないわけではない。古民家をリノベした物件ではなく、昔からあって地元のおとっつぁんが新聞広げて、漆黒のコーヒーすすっているようなシブい店が残っている。

以前、高雄で本屋をひやかしていて『人情咖啡店《レンチンカーフェイディアン》』という本を手に入れた。Hally Chenという台湾人デザイナーが、台湾各地の老咖啡＝昔ながらの渋喫茶を回り、ここぞという16軒を紹介した本だ。著者による、渋喫茶特有のもの静かでしみじみした

マドラーから
イイ味出してる
じゃないで
すか。渋キッサ

◉人情珈琲店

◉小堤咖啡
高雄市鹽埕區鹽埕街40巷10號
8時30分～18時　第2・4㊐㊗休
小堤咖啡は台中ではなく高雄にある店です。念のため。
MAP　P171　D-1

空気をつたえる写真も味わい深く、おまけに巻末に、なぜか簡単な日本語の抄訳《しょうやく》付き。しばしば台湾カフェめぐりの参考にしている。

表紙は1979年創業、高雄では最古の『小堤咖啡《シャオディーカフェ》』だ。朝はパンと卵が無料でつくモーニングサービスめあての客で入れないほど。それを過ぎるとゆっくりできる。ビスケット付きの濃い味のコーヒーが懐かしい味わいでまったりくつろげる。

紹介されている最多地域は首都台北なのは当然か。台中からは3軒が紹介されている。『巧園咖啡《チャオユエンカーフェイ》』、『華泰咖啡《ファタイカーフェイ》』、『中非咖啡《チョンフェイコーヒー》』で、しかもこれが在来線・台中駅前のちょっと先に密集しているのだ。

目印は、観光スポットに変身したレトロな台中市役所。1911年築、この白い壁面の美しい歴史的建造物（入場無料）も興味深いけど、渋喫茶はこの建物の周辺に散らばっている。

『巧園咖啡』は、奥に長い不思議な造り。かなり年季が入っちゃっているが、地元のお客さんで賑わっている。行くとマスターに「食べるの？　飲むの？」と聞かれる。飲むといえば出される単品のコーヒーも深い味わい絶品。食べると言えば、日本の弁当風のランチが供される。内容はおまかせで、ザ・定食屋といった感じの詰め合わせがやってくる。味はまずまずながら雰囲気が楽しくってねえ。

『華泰咖啡』は、1970～80年代の学生街にあったような店。窓が広くて明るい。

◉巧園咖啡
台中市中區自由路二段3號
8時～15時　無休
MAP　P168　C-3

◉華泰咖啡
台中市中區三民路二段18巷32號
10時～21時　㊐㊗休
MAP　P168　C-3

ブレンドを頼んだらサービスなのか、小カップに詰めたプリンが出てきた。コーヒーの味は中煎りの飲みやすい味。

『中非咖啡』は、台中市役所の裏手の少し先、四維街《シーウェイジェ》という通り沿いにある。道路にも席が置かれ、おじさんたちがたむろしている。入り口周辺からシブさ全開だ。1977年創業、3軒の中では最古の店。店内は年季が入っているが小ぎれいに整理されている。ガラス窓で仕切られた壁の奥の席へ。広々とした日差しの明るい部屋で頂く自家焙煎のコクのあるコーヒーが美味。

実はこの四維街、すぐそばに日本でも支店のあるパール・ミルクティーを生み出した「春水堂《チュンスイタン》」の創始店もある。「春水堂」は、創業の地である台中に何軒も支店を展開しているが、いずれもかなり文青趣味でスタイリッシュ。ところが創始店は少なくとも入り口付近のスペースは、昔を彷彿させる普通の感じの席。いわば「春水堂」の渋喫茶版で、スタイリッシュなのもいいけど、こういうのも落ち着ける。味もむろん美味。創始店限定の透明ショップカードもかわいいし。

さらに『lesson one』(40ページ)という文青なカフェなどもあって愛想はイマイチだけど、自家焙煎コーヒーと野菜サンドは思わぬ美味《おい》しさだった。

この地域、喫茶好きなら、うろつきくつろぐだけでコーヒー2杯は確実にいけてし

◉中非咖啡
台中市西區四維街46號
8時～22時30分　無休
MAP　P168　C-3

まうはず。

在来線・台中駅近くの宿に泊まるなら、朝の一杯とともに朝食というのが、ワレワレの台中さんぽの楽しみのひとつである。

それにしても、渋喫茶のよさをわかってしまう台湾人の気質というのもかなりのものだ。かれこれ10年ほど前、名作『悲情城市』で知られる侯孝賢《ホウシャオシェン》監督の台湾映画『珈琲時光』が、わが国でも上映され、日本の文青たちの間で話題になった。一青窈・浅野忠信出演で、舞台のひとつとなるのが東京・神保町に実在する渋喫茶の『エリカ』。むこうでは映画にインスパイアされた台湾人旅行作家が、東京〜京都の渋喫茶めぐりをした『我的珈琲時光』なんて本まで出している。偶然手にしてかなりマニアックな店が交ざっていたから驚いたものだ。

台湾人の感性、おそるべし。

◉春水堂 創始店
台中市西區四維街30號
8時〜22時 無休
chunshuitang.com.tw
MAP P168 C-3

街のキレイどころをはみだしさんぽ

おそらく台中は今の台湾で、新たな美意識が最も密度高く吹きこんでいる街でもある。「台中國家歌劇院《タイチョングォジャグァジュユェン》」や「國立台灣美術館《グォリィタイワンメイシーグゥアン》」を筆頭に、在来線・台中駅前の再開発、台中捷運《タイチョンジェユィン》＝台中メトロの開通、街中を走る柳川《リィウチュアン》、緑川《ルイチュアン》の景観工事など、街ぐるみで美しく変貌《へんぼう》しつつある。

味わい深い旧市街の街並みとどう歩調を合わせていくのか、気になるところではあるが、変貌の最中の街の景観には、攻めつつもどことなくゆるい、ならではの旬の魅力がある。

さんぽで出会える、鮮度のいい〈街のキレイどころ〉を幾つか紹介しておきたい。

まずは話題のオペラハウスこと「台中國家歌劇院」。オペラなんて縁が無いから関係ないぜと思うのは早いぜ。日本の伊東豊雄の設計による野心作で、5階建てながら柱が一本も使われていない。複雑緻密な構造計算による洞窟状にたわんだ壁面が建物の

◉國立台灣美術館
台中市西區五權西路一段2號
9時～17時（㊏㊐～18時）㊊休
www.ntmofa.gov.tw
MAP P169 C-2

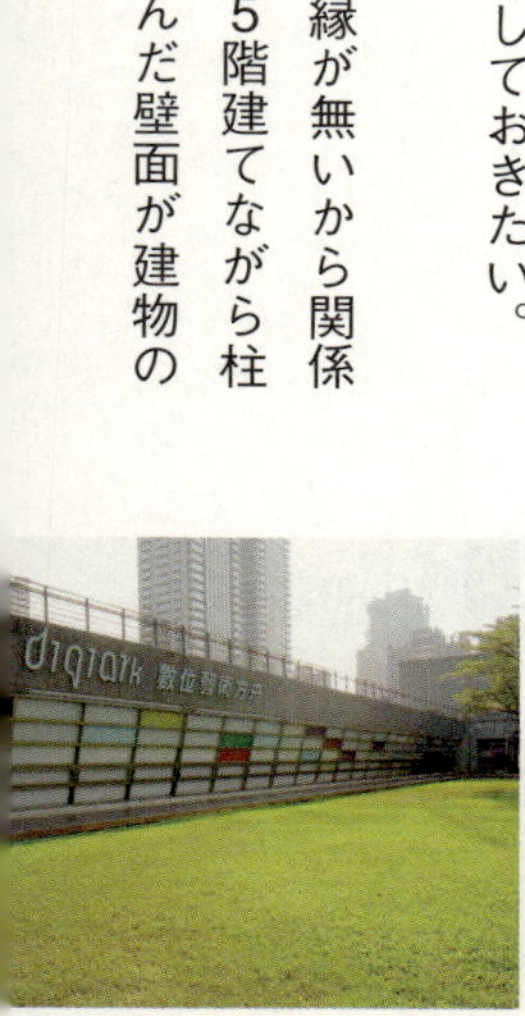

重圧を支えきっているのだ。入ってみるだけで楽しい。

敷地の隅に、この建物の一部を試作したものが遺《のこ》されている。これは建築中、計算通りに建物が支えられるか確信が持てずに試作した名残。そこまでゴールが見えなかったのだ。結局新しい工法を発明して乗り切り、費用・納期を大幅に超えて完成。

ここには以前一度訪れたことがある。オープン前で中に入れなかったが、申し訳なさそうに謝る現場係員のまなざしに、ほこらしげな輝きが宿っていたのを覚えている。


再訪してやっと踏み込めた内部は、都会の洞窟をイメージしたという伊東豊雄の言葉どおり、たわんだ壁面に包み込まれる独特の初源的な雰囲気にたちまち魅了された。

劇場内は入れないが館内は入場無料。通路をめぐるだけでも十分に興味深い。同じものはひとつとしてないという曲面で構成された白い館内は、歩くたびに空間の見え方が変わってくる。ほのかな暗さを残す外光の入り具合も絶妙。

屋上も曲線で構成された庭園で、抽象彫刻のような建物と芝生の自然が独特の景観を生み出している。周囲に突き出す高層ビル群との取り合わせもおもしろい。

訪れた日は平日で、小学生の一団が社会見学に訪れていた。たわんだ巨大らせん階段を興奮して上り下りしたり、声を潜めつつも大はしゃぎである。小学生たちはこの洞窟空間が動き回ってみてこそ楽しいことを、身体で直感しているに違いない。微笑《ほほえ》ましくて、一緒にわあ〜ってやりたかったよ。

内部には台北のクリエイター集団「好様《ハオヤン》ＶＶＧ」による、オシャレな飲食および雑

◉台中國家歌劇院
台中市西屯區惠來路二段１０１
11時30分〜21時（金土祝〜22時）
無休
www.npac-ntt.org
MAP P169 A-1

貨コーナーも設置。センスのいい台湾雑貨を揃えているものの、雑貨スペースは建物が完成してから追加で決まったのか、売り場が空間のスケール感とイマイチそぐわず、ちんまりと仮設風にまとまっているのは残念。
そうであっても散策そのものは一度は体験してみるべき新鮮さがある。「台中國家歌劇院」は、台中に行くなら一度は訪れるべきさんぽみちである。

「國立台灣美術館」は1988年開館と古いが、中身は新鮮そのもの。アジア最大規模かつ入場無料の現代アートメインの美術館で、広さは東京都現代美術館をさらにひと回り大きくしたぐらい。人の流れにしたがって1階メインフロアに入ってしまうと見落としがちなのが、地下1階の数位藝術方舟コーナー。1階正面玄関手前の階段を下りた先にある、デジタルアート専門の展示スペースだ。広さもたっぷり取られていて、一見というか体験の価値あり。このあたりからの庭の眺めも味わい深い。

台中駅前には、すぐ近くに「建國市場《ジャングォシーチャン》」という昔ながらのイカす広大な市場があった。味出まくりの古い建物を中心に一区画がまるごと市場。ごったがえす地元買い物客にもまれながらふらつく楽しみは、さんぽ好きには格別だった。しかし16年に駅前再開発により駅の裏側に移転、建物もがらり生まれ変わることに。
新しくなっちゃうとなあ……と、一応期待せずに行ってみると、これはこれでなかなかよろしい。以前と違い、駅から歩くには遠い距離となったものの、タクシーな

◉建國市場
台中市東區建成路500號
5時～12時 ㊊休
MAP P168 C-4

らあっという間。市場の前にタクシー乗り場もあるから、往来で困ることはない。
さすが台中最大の市場。台湾全土でもちょっと見ない規模と新しさだ。建物はレンガタイルの壁面に覆われたちょとレトロな洋風。７００軒ほどの店が広大な一つ屋根の下に収まり、活気がみなぎっている。市場内は新築ということもあるのか明るく清潔で、通路も広くとってあって歩きやすい。市場に隣接する、自然湖を有する製糖工場跡地（これもでかい）も公園として整備中。今後が楽しみだ。市場マニアなら行って後悔なし。パンダやキリンなどの動物が肉をかじっている精肉店のシュールな壁画は絶品なので、行ったらぜひ探しだして脱力してほしい。

新しい市場なら、「第六市場《ディリュウシーチャン》」というのも出来た。２０１７年9月、「廣三《グァンサン》ＳＯＧＯデパート」向かいの「金典綠園道《ジンディエンルィユェンダオ》」というオシャレ商業ビルの3階にオープンしたばかりの市場。フロアの約半分のスペースを占め、昔ながらの市場をオシャレに演出。入っているのは地元関連の店で、一角に按摩《アンモ》＝マッサージ店まであるあたりが台湾である。商業ビルの都合なのか生鮮食料品は見当たらないが、旅行者が消えもの系のおみやげを漁るには丁度いい。

東京には、もともとその場所にあった市場が、商業ビルの地下に潜り込む例が少なくない。荻窪タウンセブンやアメ横センタービルの賑やかな地下売り場とかなどが代表格だ。

台湾では市場が商業ビルに入るのは「第六市場」が初めてだそうで、そんなこともあっ

◉第六市場
台中市健行路１０４９號
金典綠園道商場３階
11時～22時（土日10時30分～）
無休
ＭＡＰ　Ｐ169　Ａ-２

てけっこう賑わっていた。この市場にもヘンなのがあって、1階正面に立つマスコットらしい目玉つきニンジン像は、見るにつれこいつに決定した経緯の謎が深まる。

台中市内には街中を斜めに横切って走る川が数本ある。いいアクセントになっているのだが、今は景観整備の工事中。すでに完成したのが柳川《リィウチュアン》。在来線・台中駅前の大通りをまっすぐ進み、第二市場《ディアーシーチャン》の先にあるのが川の一方の端で、橋ごしにのぞかないと気づきにくいけど、柳川水岸歩道《リィウチュアンシュイアンプーダオ》という歩くのが楽しい凝った遊歩道になっている。夜間はライトアップされ、酔いをさますのにも手頃ときたもんだ（開放時間6時〜22時・休日〜24時）。

一方、緑川《ルイチュアン》の整備工事は18年完成予定。あまりいじりすぎてほしくないけれど、完成が楽しみではある。

在来線・台中駅も、台湾新幹線の駅に似たスタイリッシュな姿に生まれ変わった。高架線になり駅の反対側に行きやすくなったのはいいけれど、都市部のどこにでもあるような、味気ない景観の駅だ。構内など、新宿駅南口にでも戻ってきたような気がしてくる。

そして周囲の渋い街並みから浮きまくっている。駅前の再開発が進むにつれてなじんでいくのだろうけれど、それまで使われていた、日本統治時代に建てられた古い駅舎はお役御免となった。

◉柳川水岸歩道
台中市中區柳川東路三段のあたり
MAP P168 C-3

保存され記念館として遺《のこ》されるそうだが、いわば剥製化されてしまったようなもので、かつての活気はない。台中を訪れる時、この美しい古風な駅から街に繰り出すのを大きな楽しみにしていたワレワレにとっては、大きな痛手である。台中メトロが開通すると中心部へ向けた新駅も開設されるし、台中駅の利用率は低くなりそうだ。時の流れとはいえ、これもまた変貌する台中のひとつの顔である。

この他、台中近郊の亜洲大学の敷地内にある、「亞洲大學現代美術館《ヤージョウダーシュエシェンダイメイシュグァン》」も、安藤忠雄設計によるコンクリート打ちっ放しの三角形の建物は、その筋に非常に評判が高い。興味のある向きは車で行ってみるべし。

◉亞洲大學現代美術館
台中市霧峰區柳豐路５００號
9時30分〜17時　月休

闘於台中美食的魅力

台中の美味店は再訪したくなる率が高い

台湾にハマる大きな理由のひとつが食だろう。日本人の舌になじみやすく、手の届きやすい安価な美味も揃っているとくれば当然か。ワレワレ夫婦も舌なめずりしながらあちこちに足を運び、近頃地方ごとの料理の傾向がぼんやりわかってきたところである。

あくまで私見ではあるけれど、台湾方面の知人友人の話や体験から説明すると、まず高雄は、近隣の海や山から新鮮な魚や野菜が持ち込まれる港町。素材の味を活かして味付け控えめな傾向。

台南は小吃《シャオチィ》＝軽食の発祥の地と称されるだけに、昔ながらの台湾軽食が充実。南部の気候風土の影響もあってか、味付けは甘めで濃い傾向、しばらく滞在して身体が慣れてくるまで、くどく感じることもある。

台北は戦後、対岸から渡ってきた大陸の料理人によって種類豊富な中華が味わえる上、情報に敏感で外国料理も充実。ただしハイセンスな人気店は予約が困難。また、バブルによって地価が超上昇、高額な地代を払って商売をしていくには、料理も売れ

線に絞り込み、合わせていかないと難しい。それゆえ流行に追随しがちで、独自の味を求めたり長続きさせるのが難しいとも聞く。東京の都心部と同じ話で、仕方のない点もある。

では台中はどうか？　中部というポジションゆえ、南北に細長い台湾の南と北のいいところを取り入れやすく、また台北ほど地代が高くないので、独自の味を肩肘張らず、じっくり追求して育てあげている店が多い気がする。

これはもう地の利としかいいようがない。この章の冒頭に挙げたように、「春水堂」他、独自の味で名をはせる数々の有名チェーン店の発祥の地である理由もそのあたりにあるのかもしれない。

一方、味に工夫があるものの、台中ならではの特徴ある料理というのはあまり思いつかない。博多うどんみたいなふにゃふにゃ太麺の汁そば、大麺羹《ダーミエンガン》ぐらいか。悪くはないけど、これ食べるためだけに台中に行こうとは思わないなあ。

台中の食は、巧みなバランス感覚と洗練された味付けこそが特色。ゆえに美味しさが伝えにくい。しかし、おのれの舌でその美味に気づいたら、もうドツボです。台湾である程度食べ慣れないと理解しにくい、手練《てだ》れの美味ゾーンかもしれない。

夜市の露店や、市場の伝統的な小吃もいいけれど、その手の味は別に台中でなくても味わえる。台中ウマウマ料理の神髄は、小さめな新しい店にこそある気がする。そういった店を紹介しよう。まずはケーキ。

「こういう（流行にとらわれない）独自なスイーツは、台北で作るの難しいです」
とおっしゃるのはZ小姐《シャオジェ》である。ワレワレの初代中国語の先生で、授業を受けたのは半年ほどだったが、妙に馬が合ってしまい、以来友人付き合いをさせていただいている。台中を一緒にさんぽに訪れる機会があった折、彼女がそういって舌鼓を打った店が、『CJSJ法式甜點概念店《ファシーテェンディエンガイニェンディェン》』だ。本格的フランス菓子店で、厳選した素材と台湾らしくフルーツを多用。素材の組み合わせと、白いモンブランとか見た目が独創的。

Z小姐は京都の製菓学校でみっちり菓子を学んだスイーツのセミプロでもある。そのお方が目を輝かせて言うのだから、自分の言葉より間違いなかろう。大人気で週末あたりは店内で食べようとすると普通に30分以上待たされる（テイクアウト可）。台中スイーツというと在来線・台中駅前の高級アイスの店『宮原眼科《ゴンユァンイェンカー》』が有名だけど、こちらはより地元の食いしん坊向けだ。

台湾はどこにいっても鮮度抜群のフルーツを加えて作るジュースが安くて美味《うま》い。台中も同じく美味いが、とんでもないスタイルの店もまぎれこんでいる。「國立自然科學博物館《グォリーズーランカーシュエブォウーグァン》」の入り口斜め向かいにある『有春冰菓室《ヨウチュンビングォシー》』。ここの整顆西瓜汁《ジャンカーシーグァジー》＝スイカ・ジュースは、細長いスイカを器にし、くりぬいた中身をジュースにして詰め込んで出す。目の前にどんと出てくると迫力に絶句である。当然味はスイカそのもの。二人で飲んで当分スイカ見たくないですゴメンナサイというボリューム。注文してから作り始めるので、けっこう手間と時間がかかるし、こんな悠長な商売、台北あたりじゃ

◉小姐
ミスの意味。結婚していれば太太
＝ミセスとなる。

◉CJSJ法式甜點概念店
台中市西區向上路一段79巷72號
12時～18時30分 ㊊休
MAP P27

◉有春冰菓室
台中市西區博館路101號
11時30分～19時 無休
MAP P169 A-2

無理だろうなあ。

日本と台湾の食が絶妙にミックスしているのが『若柳一筋《ルィリョイージン》』。本格的な手打ちの日本式の烏龍麺《ウーロンミエン》つまり、うどんの店なのだけど、それを白湯スープの台湾料理スタイルで食べさせる。まずレジで注文、横に並ぶ小皿もほしければ取って申告。五目、鍋焼き風、海鮮等、5種類あり、台湾ではおなじみの牛肉麺もある。頼むと、見事に真っ白な牛肉麺《ニュウロウミエン》。さっぱりめの白湯スープと、腰のある麺とのハーモニーは実際に味わっていただくしかない。小皿類も手抜きなしの美味さ。繁華街のはずれの川沿いで、淡々と独自のスタイルをつらぬいている姿にもちょっとシビれる。

台湾では時折「無菜單料理《ウーツァイダンリャオリー》」なるものを掲げる料理店に出くわすことがある。メニューなし、おまかせコースのみの創作料理店のこと。この手の店を気やすく使いこなせるようになったら、台湾での食い歩きも完成形です。玄関に台湾食いしん坊の看板出していいと思います。ワレワレも何軒かトライしておりますが、料理人の意識が先走りすぎて、奇抜な見た目に味がついていかないケースも少なくない。

まだまだ模索中なれど、やっとこれぞという店に出合えたのが、やはり台中だった『Tu pang 地坊餐廳《ディファンツァンティアン》』である。ハードルやや高めで、要予約のあたりでまずふるいにかけられる。英語か中国語でフェイスブック経由で直接予約するか、ホテルのフロントとかに頼んで運良くすべりこむかだ。

◉若柳一筋
台中市台中市大忠南路49號
11時～14時　17時～20時　㊐休
MAP　P24

◉Tu pang 地坊餐廳
台中市西區五權西六街96巷13號
12時～14時　17時～19時30分
㊐㊊休　要予約
MAP　P24

ハードルを跳び越えれば、ラフな中にもこだわり感漂う店は、好事家には居心地抜群。給仕ぶりも丁寧。見晴らしのいいオープンキッチンから、こだわりのオーガニック素材を用い、カジュアル・フレンチスタイルの料理が次々と供される。

途中で店主でもあるフレンドリーなシェフ氏が登場し、料理について説明を入れる。ワレワレの半端な中国語力では、2割程度しかわからなかったけど、本当に料理が好きで、出した料理の魅力を伝えたくて、目を輝かせて話していることはよくわかる。これもまたご馳走のうちである。

自家製の美味パンからはじまり、スモークした煙を閉じ込めたサラダとか、ウズラにラムなどボリュームも満点。ディナーに行って、これだけ凝っていて料理だけで一人5000円でお釣りというのは、東京ではありえんでしょうねえ。

ワレワレの場合、シェフ氏の話がもっと聞き取れるように語学増強して再訪するぞと、変に力強い目標も出来てしまった。ありがとうございます。

台中はもちろん台湾料理もいろいろある。手頃なところで、『青鳥屋便當專賣《チンニャオウービェンダンヂュアンマイ》』。青い看板がカワイイ文青趣味のお弁当屋さんである。メニューは6種類。オーソドックスな構成で、注文を受けてから木の容器に作り立てを盛り付けて渡してくれる。わずかながらテーブル席も設けてあるので、空いていればその場で食べられる。

お品書きのトップに挙げられている古早肉排飯《グウザオルウパイファン》は、古早《グウザオ》＝昔ながらの台湾風トンカツ弁当。コンビニでも見かける弁当の定番で、骨付き豚肉を使ったタイプは台湾駅弁

◉青鳥屋便當專賣
台中市西區五權三街394號
11時～13時30分　17時～19時
㊐休
MAP　P24

◉豊好×天天都美好
台中市西區向上北路256號
11時～20時（㊌13時～、冬は～19時）㊋休
MAP　P27

スモーキーな煙を封じ込めたこの日の香ばしいサラダ。『Tu pang』は五感で食べる楽しみの場。

『正月初一』では櫻花蝦油飯がシメにお勧め。

『梅子活海鮮餐廳』の上品な紅條の鍋。

キクラゲ好きには極楽。『曙光居』でのひと品。

『若柳一筋』の真っ白な牛肉麺。

の典型である。
『青鳥屋』さんの肉排飯は、適度に薄い肉をさっくり軽やかに揚げている。油っぽくなく、味付けも上品、だし巻き卵、きんぴらなど和風の付け合わせも無駄なく美味。さらに木の容器が、コメの湿気を適度に吸い取ってくれるのでご飯の口当たりもよい。見た目かわいく、中身は厳選食材の本格派。しかも、高くても日本円で500円いかないときている。これ近所にあったら間違いなく通いつめて、全種類踏破しているな。

昔ながらの味だと、『豊好《フォンハオ》×天天都美好《ティエンティエンドウメイハオ》』のかき氷も挙げたい。台湾かき氷といえば、まずはマンゴーかき氷だろうけれど、ここの看板商品は、古早味鳳梨冰《グウザオウェイフォンリービン》＝パイナップルかき氷。昔なつかしい味を追求し、かき氷に盛り付けた煮込んだパイナップルの自然な甘みがなんともツボ。マンゴーのごとき華やかさはないが、奥深い味わいにため息が出る。オトナ味のかき氷だ。他にも自然素材にこだわったレモンシャーベットなどの逸品が味わえる。

素食なら『鬍丘《フーチイウ》 Algernon Food Meet』と、『曙光居《シュグァンジュ》』の2軒。しつこく書くけど、素食は台湾で独自の進化をとげたベジタリアン料理、台湾行ったら一度は食べないと後悔する美食ジャンルである。
いずれも古民家をリノベした店。『鬍丘』はラフ気味、『曙光居』はスタイリッシュ。どちらも一見カフェの延長みたいな雰囲気ながら、料理は丁寧かつきめの細かい仕事

◉鬍丘
Algernon Food Meet
台中市西區五權西六街96巷12號
11時～14時30分 17時30分～20時30分
無休（営業日時が時々変わるので注意）
MAP P24

がほどこされ、あなどれない。『鬍丘』は各国料理のミックス風、『曙光居』はモダン中華風とそれぞれの道を突き進んでいる。

『鬍丘』では郷村馬鈴薯麵疙瘩《シャンツンマーリンシュウミエングアダー》というトマト味のニョッキ、回家堅果口袋飯《フィジャージェングォコウダイファン》なるフラワートルティーヤにスパイシーな混ぜご飯を詰めたものを食べてみたが、野菜たっぷりで味付けも上々。

『曙光居』では、黒キクラゲと白キクラゲを豪快に盛り合わせ、辛めの酢醤油風タレで合えた辣太極《ラァタイジィ》にまず参った。コリッフネッとした歯ごたえと絶妙な味付けに、ワレワレは緊急家族会議を招集、即座に再訪を決定したほどである。

どちらも盛り付け含めて完成度が高く、肉なしでも不満まるでなしの美味さ。

夕飯に台湾料理をゆっくり味わいたいなら、『品八方焼鵝《ピンバーファンシアオアー》』を。珊瑚さん御用達の地元の人気店が、なかなかによかった。

看板商品の炭火明爐焼鵝《タンフォミンルーシアオアー》＝ガチョウのローストほか、鵝油清炒時蔬《アーユウチンチャオシーシュウ》＝旬野菜のガチョウ油炒め、金莎中巻《ジンシャーチョンチュエン》＝イカの揚げ物など、青鳥屋の弁当同様、派手さはないがきちんと美味い。ごはんも台梗九號《タイジンジョウハオ》という高級米を使用。おかずと合わせてもりもり食が進む。適度にしゃれた店内もリラックスできて居心地よし。人気なのでできれば予約を。

『品八方焼鵝』のある美術園道《メイシューユエンダオ》は、ハデ目な外国料理店などが脇に並ぶ緑道で、あまり気にかけていなかったのだけど、この店が出来たり、細かく入れ替わっているとい

◉曙光居
台中市西屯區大墩18街104號
11時30分～14時　17時30分～21時
㊐休
MAP　P169　A-1

◉品八方焼鵝
台中市五權西四街69號
11時30分～14時30分
17時30分～21時30分　無休
MAP　P24

う。思わぬ掘り出し物がありそうだ。

一方、できたばかりのゴージャスな台灣料理店が、『正月初一《ジャンユェチューイー》』。大箱レストランがしのぎを削る台中の食のブロードウェイ、公益路《ゴンイールゥ》に16年末オープン。新台灣料理を標《ひょう》榜《ぼう》、台湾原住民、客家、四川など台湾に根付いた料理を、素材にこだわって品良く供する。台湾でも捕れる桜エビを使った、櫻花蝦油飯《インフォアシャーヨウファン》＝台灣おこわや、けっこう辛い千椒肥腸煲《チェンジャオフェイチャンバオ》＝四川風モツ炒めなど、見晴らしのいいスタイリッシュな店内で、日本人の舌にもなじみやすい工夫した台湾料理を味わえる。よりディープな味を求める勇者の舌にはやや物足りないかもしれないが、日本語メニューもあり、使い勝手よし。支店を展開するそぶりもうかがえる。新たな名店として成功し、各地に羽ばたいていくかもね。

もひとつ、ちょっと距離はあるけれど、食いしん坊に試していただきたいとっておきを。

『梅子活海鮮餐廳《メイズーフォハイシエンツアンティン》』は、地元屈指の知る人ぞ知る海鮮料理の名店。梅子といえば台北にも同名の有名店があるが無関係だ。最寄り駅は在来線・沙鹿《シャルゥ》駅だが、在来線・台中駅から電車で40分、着いた駅から徒歩20分以上かかる（でも駅前の大同街の長い市場さんぽは楽しい）。人数多め向けの店だし、タクシーに乗り、割り勘で行ってしまった方が手っ取り早い。大通りをすっとばして、道がすいていれば30分ぐらい。

◉正月初一
台中市西區公益路288號
11時30分～15時　17時30分～22時
無休
www.blossom-daylife.com
MAP　P169　B-2

田舎町の大通りに高級感ある建物が忽然《こつぜん》と立ち、脇に高級車が何台も停まっている。

注文の基本は、生《い》け簀《す》の前に並べた魚から好きなのを選んで、後はおまかせかのコース仕立てで頂くスタイル（単品注文もあり）。ワレワレの場合、先付けのパッションフルーツで味付けした大根漬けのほどよい酸味でもうやられた。魚の中から紅條《ホンテャオ》＝アカハタを適当に選び、おまかせで蒸してもらい、ほかに縮れ麺がポイントのXO醬蝦仁炒飯《ジャンシャーレンチァオファン》＝XO醬のエビ炒飯を含む5品、いずれも上品かつヌケのいい味わいの絶品。間違いなく高級料理店だが、昼に出かけたワレワレの場合、お酒を入れなかったこともあって4人合わせて3000元ぐらいだったからビックリ。

ガイドブックを通して入ってくる台中の美味情報は、現時点では少ない上に通り一遍気味なので、多めに紹介してみた。

また、紹介した13店舗中8店は土庫里とその周辺にある。意図したわけではない。土庫里にはこれに加えて、再訪したくなるカフェや雑貨店まで多数揃っているのだから、あらためてすごい魅力密度だなあと思う。

◉梅子活海鮮餐廳
台中市沙鹿區中山路473-2號
11時～14時 17時～21時 無休
www.meidz.com.tw
MAP P168 A-4

Column 3

很舒服的南屯老街

南屯は老街の穴場

中心部の南西にある、南屯《ナントゥン》というこぢんまりした老街《ラオジェ》＝古い街並みが残っているエリア。目を引く観光スポットがあるわけでもなく、ハズレだったらイヤだなあと後送りにしていたが、案外いいのだ。

南屯の老街の核をなすのは『萬和宮《ワンフォゴン》』という台中最古のお宮さま。1684年この地に安置、1726年に完成したお宮には、重厚な空気の中に、りんとしたすがすがしい活気が漂っている。境内に並ぶテーブルは、願い事のお供え物でいっぱい。萬和宮の後方には文昌宮《ワンチャンゴン》という受験の神様のお宮もひかえていて、さらにその後方は活気あふれる南屯市場。奥に行くほどコテコテ加減が増していく。一方、お宮の前に延びる老街には、老舗の伝統菓子店『林金生香《リンジンシャンシャン》』もある。看板商品は狀元糕《チュワンユェンガオ》。緑豆を用いた干菓子で、店構え同様ひかえめながら自然な甘みとしっとりした食感がかなり美味い。数種類あり、おみやげにも乙でいいなあこれ。通りの少し先に、「研香所」という喫茶部門（金土日のみオープン）があり、狀元糕を自分でこさえて食べたりできる。老街であることを強調する看板など、多少演出が加えられているものの、そう観光地化されていない。レトロ感全開の店看板や、素朴な下町の老街風情がほどよく残っている。

通り裏手にある『REN CAFÉ』の自家焙煎コーヒーで一息もオススメ。帰りは、北の五權西路二段の大通りまで進めば、タクシーも拾いやすい。

●萬和宮
台中市南屯區萬和路一段51號
www.wanhegong.org.tw
MAP　P169　C-1

●林金生香
台中市南屯區萬和路一段59號
8時30分～20時　㊌休
MAP　P169　C-1

●研香所
台中市南屯區萬和路一段94號
10時30分～18時（㊊㊍9時～17時）　㊋㊌休
MAP　P169　C-1

●REN CAFÉ
台中市南屯區黎明路一段1086巷41號
9時～20時（㊏㊐8時～16時）　㊊休
MAP　P169　C-1

第4章

台湾旅さんぽ案内

台灣全域、中南部簡介

台湾と中南部のざっくり基本案内

■台湾

日本の南方、沖縄のちょい先に位置する台湾は、北を上にして立つサツマイモ形の島である。地図見るだけで、あちらはサツマイモも美味《うま》いんだよなあとか、ため息つきはじめると、台湾グルメも末期である。

サツマイモ、じゃなくて台湾のサイズは九州とほぼ同じ。中心を険しい山脈が南北につらぬき、一部山頂では雪だって降り積もる。

都市は何かと交流のある中国大陸の対岸、西側の平野部に集中。山をまたいだ東の太平洋側に出るのは今でも手間どるものの、不利便性のおかげで豊かな自然が残り、風光明媚《ふうこうめいび》なリゾートをあちこちで形成している。

台湾・日本間の時差はマイナス1時間。正式名称は中華民国で民主主義。歴史的事情に翻弄《ほんろう》され、台湾を国として正式承認している外国はごくわずか。大陸《ダールウ》＝対岸の中国との微妙なバランスの上に成り立っているのはご存じのとおり。

◉サツマイモも美味い
台湾料理店や屋台で見かける大学芋風のやつ＝抜絲地瓜とか、かすかにほろ苦い葉っぱの炒め物＝炒地瓜葉とか。いずれも台湾らしい美味軽食。

◉境界線
亜熱帯と熱帯を区切るのは、北緯23・5度の北回帰線。嘉義駅～水上火車駅のほぼ中間に、それを示す北迴歸線紀念碑が立っていて公園にもなっている。ちょっとおおげさ。

■気候

北の3分の2が亜熱帯、残りの南3分の1は熱帯に属す。台中は亜熱帯、台南、高雄は熱帯。嘉義はその境界線に当たり、嘉義駅前は一応ギリギリ亜熱帯。

南に下るほど風土に南国風情が増し、ヌクユル度もアップ。どんどん日本に帰りたくなくなってゆく。また、数多く残る南方の古い建物は、涼を取るため天井が高くゆったりしていて、見上げるだけでも心地よい。

気温は当然暑い。南北で数度の温度差があるが、5月あたりから30度を超えはじめる。もっとも近頃は日本の夏もキツイので、未体験の暑さではない。問題は頻繁に訪れる台風だ。直撃されると室内に籠《こ》もるしかなく、短期旅行者は窓の前で泣きくずれる。

冬場だと、年末年始頃で東京の11月ぐらいの見当。

旅行に適した時期は、台風を避けさえすれば多少の雨でもさんぽできるので、10月～5月の旅行をオススメしたい。年末年始は、向こうは旧正月（2月）が正月なので街は平常業務。のんびり散策できる。都合がつくならことにオススメ。

6月～9月は台風次第だが、うまいこと避けられれば、アジアジの青空の下、熟れ熟れの旬のマンゴーにありつける、ザ・南国の楽しさなり。

台湾の天気予報は、天候が変わりやすいためか、あまりアテにならない。予報は土砂降りなのに、晴天なんてことが何度もあった。経験的には、平野部は予報より天気がよくなることの方が多い。降られても冷たい雨じゃないし、これもまた一興ぐらいに腹を据えてイクべし。実際、台南あたりの雨景色は風情があってよいものだ。

■言語

言語は中国語で、標準語は台灣華語《タイワンファユィ》（30ページ）。次いで大学で必修項目となっている英語が幅を利かせている。都市部では中国語が通じないとまず英語で話しかけられる。親日的ではあるが、喧伝《けんでん》されているほど日本語をしゃべれる人とは出会わない。それにこの本で取り上げているエリアだと、日本人は近頃人気のある台南の繁華街と、高雄の観光地ですれちがうぐらいで、ほぼ見かけることもない。首都台北と違って、日本語しかしゃべれないとちとキツい。

加えて南部では、戦後制定された台灣華語とは別に、古来からの台湾語も使われている。中国語だが日本でいうと東京↔沖縄ぐらい違うので、お気楽旅行者にはお手上げ。アリガトウ＝謝謝の発音が「シェシェ」→「スェスェ」に変わるぐらいを覚えておいて、ちょっとした挨拶で使うとクスっとしてもらえる。

なお、日本のガイドブックや雑誌などにおける現地語のカタカナ発音表記は、日本語に置き換えられない発音がある以上、正確さを欠く。しかも発音に厳密なイントネーションを求められる。カタカナだけを覚えて行っても会話ではほぼ使い物にならない。

本書においても、なるだけ近い発音を心がけているものの、発音のアウトラインがわかる程度であることを、カミングアウトしておきたい。

しゃべれなければ万事、現地の文字を紙に書いて伝えるべし。

◉対等
ワレワレ日本人は感じないが、出稼ぎで増えている東南アジア系の人々に対しては差別意識がないわけではない。

◉日本以上に寛大
といって、人前ではあまり露骨なことはしない。同性愛に限らず、台湾ではエロい施設が不思議なくらい、ほとんど表だっては、目につかない。エロっぽい店だと思ってのぞいたらランジェリーショップでしたというぐらい。

◉お廟がらみの行列
お廟ごとに神様の誕生日を祝い、行列をくんで街を練り歩くのを、目にする機会が多い。バクチク鳴らし、かぶり物の多神様がぞろりとご出現なさる。

■民族と宗教

台湾の住民は、過半数が中国系。だが、大陸本土の人々とはあきらかにカラーが違う。品位とモラルを重んじ、相手を思いやり、オープンで対等に接してくれて、触れあっているとしばしばほっこりする。

それとは別にポリネシアン系の先住民族が16種族、太平洋側の山間部を中心に暮らしている。台湾は昔から多民族が暮らし合っている島なのだ。

同性愛に関しても日本以上に寛大、信仰も自由。大勢を占める宗教は昔ながらの道教。ことに古都台南には、お廟が沢山残っていて、しばしばお廟がらみの行列に出くわす。また昔ながらの市場はお廟《びょう》を中心に広がっていることが多い。市場が大きくなりすぎて、お廟が奥に隠れてしまっていることなんかもある。ユルユルだ。

道教は、日本の神道のように沢山の神様を奉るが、台湾で最も崇められているのは、航海中の安全を司る女神様の媽祖《マージェ》。海と切り離せない台湾の暮らしぶりがうかがわれる。恋愛関係なら縁結びの神様、月下老人《ユエシャラオレン》が相談に乗ってくださる。美味しい素食（62ページ）の店が多いのも道教の教えのおかげ。ありがとうございます、スェスェ。

◉媽祖

◉月下老人

要到台中以南、還是桃園國際機場最方便

台中以南へは桃園国際空港の利用がベスト！

台湾に行くには飛行機に乗り、台北郊外の桃園國際機場《タオユアングゥオジィジィチャン》＝桃園国際空港を利用するのが王道。東京の羽田または成田から行き約４時間・帰り約３時間ほど。さらっと行き着いてしまう。

問題は着いてからで、台北市内や最寄り駅まで、荒い運転のバスか、高く付くタクシーで往来するしかなかった。ところが17年に桃園捷運《タオユアンジェユィン》＝桃園メトロが開通！　空港直結で、市内の台北駅まで40分ほどで行けるようになった。桃園メトロは台湾新幹線＝高鐵《ガオティエ》の桃園駅につながっていて（駅名は高鐵桃園駅）、乗れば15分ほど。台湾中部・南部にもスムーズかつ最短で行き着ける。万歳！

東京在住ならばの話ではありますが、最近ワレワレ夫婦が愛用しているのが、自称・LCC楽々スペシャルコースである。

羽田国際空港では、LCC＝格安航空会社のPeachエアーが、桃園国際空港行きの

●桃園駅にもつながって
桃園メトロは、空色の普通車＝各駅と、紫色の直達車＝快速がある。直達車は空港↔台北駅間のみの運行で、台北と反対方向になる高鐵桃園駅には行ってくれない。間違って乗ったら、降りて同じホームで次の電車を待てばいい。パニくらないよう注意（体験者談）。

早朝便を毎日運行。出発は5時台後半、入国審査があるから4時30分ぐらいに空港に入る必要がある。この時間、電車は動いていない。主要ＪＲ駅から空港行きの深夜リムジンバスが出ているが、深夜に主要駅までたどり着いていなければならない。

そこでタクシーの登場となる。家から空港まで往復予約してしまうのだ。ワレワレは安い送迎タクシーを探して使っている。広い座席にゆったり腰掛けていれば、人としてダメになる快適さで自宅から空港まで連れて行ってくれる。

あまり意識してないけど、海外旅行は、空港に行き着くまで、電車やバスの乗り降りで荷物運んだり、車内の混雑に巻き込まれたりと、実はひと仕事。送迎タクシーだとこの行程が、すっきりさっぱりカットできる。後々の身体の疲れ具合が違う。

台湾までの飛行時間ぐらいなら席が少し窮屈なＬＣＣでもそう困らない。うたた寝していれば、現地の朝8時半すぎには到着。この時間、入国審査もがらがら。電車に乗り換えて台中、台南、あるいはその先の高雄であっても、訪問先でランチが余裕で取れてしまう。

帰りの便は、20時台後半発で1時頃に羽田に戻ってくる。これまたすきすきの入国審査を通り抜け、タクシー乗り場に行けば、予約の送迎タクシーが待っていて、家までさらっと運んでくれる次第。少し眠いけど、戻った日に会社へ普通に出社できる。

すごい贅沢しているようだが、ＬＣＣ楽々スペシャルコースは、一般航空会社で昼間行くよりも安くあがり、しかも台湾さんを満喫できるのだ。ＬＣＣ使うからって、必ずしも全て節約する必要はないものね。

◉スムーズかつ最短

東京だと羽田と台北市内の松山機場＝松山空港の便を利用する手がある。だが、台北をまるっと無視して、中南部へ向かう場合は遠回り。また、本数は少ないが南方の都市・高雄の高雄國際航空站への直行便が、東京と大阪を結んでいる。南部だけ回るならこれも便利。

◉1時頃に羽田

羽田のＬＣＣはPeachエアーのほかタイガー・エアーも乗り入れしている。こちらはPeachよりさらに少し早い朝5時半頃出発、戻りは深夜0時台発、4時台帰国になる。時間と体力に余裕があるなら、タイガーを選ぶか、あるいはPeachと組み合わせて利用することも考えられる。

◉安くあがる

お住まいの場所や利用する日によって差はあるものの、それでも安いはず。比較検討くださいませ。

高鐵、捷運、計程車什麼的

到着後の移動、乗り物あれこれ

台湾に着いたあとの移動は、自分の足にくわえ、鉄道とタクシーに頼ることになる。鉄道は高鐵と、台鐵、捷運の3種類。高鐵＝長距離、台鐵＝中距離、捷運＝近距離用と大別して覚えておくといい。

【高鐵《ガオティエ》＝台湾高速鉄道】

日本との共同開発で2007年に開通した台湾版新幹線。外観、車内、乗り心地も新幹線そっくり。台北・南港《ナンガン》駅から南の高雄（左營《ズゥオイン》駅）まで、台湾の南北を2時間ほどでつなぐ。おかげさまで、中南部の街へ気軽に出かけられるようになった。日本からの予約も可。

https://www.thsrc.com.tw/jp/Home

【台鐵《タイティエ》＝台湾鉄道】

全土に張り巡らされた昔からの在来線。年代物の駅舎が各所で大切に使われていたり、電車も種類豊富でいい味出している。高架線をひた走る新幹線と違い、窓ごしに日常風景がのぞけて楽しい。車票《チャーピャオ》＝キップは、自動販売機で簡単に購入可。最近はネットで外国人でも予約できたり時刻表をチェックしやすくなった。

http://www.railway.gov.tw/jp/index.aspx

【捷運《ジェユィン》＝MRT】
MRT＝Mass Rapid Transit の略で、高架線部分もあるメトロ。台北メトロと高雄メトロ、17年には桃園メトロも開通。台中メトロも20年に開通予定。

【計程車《ジーチャンチャー》＝タクシー】

徒歩・電車で行きにくい近距離エリアはタクシーに頼るしかない。黄色い車体が目印。地域ごとに料金が少し異なる。台中、台南、高雄は日中初乗り85元。嘉義は100元。岡山などでは、行き先で交渉になる場合もある。

http://cytn.info/tw_taxi/

経験的には、街中を乗り回すだけなら100元前半ぐらい。台湾新幹線の駅から市街地に入る時で200元台が目安。

ドアは自分で開閉。シートベルト着用の罰則があるので台北ではうるさく言われるが、ここだけの話、中南部ではユルい（苦笑）。運転手はまず中国語しか通じない。利用するときは、メモ書きした住所を渡して指示。日本語漢字ではなく、現地語＝繁体字の中国語ではっきり書くこと。

地元で評判のいいタクシー会社は台灣大車隊《タイワンダァチャードウイ》。選びようがないだろうけど、一応覚えておくべし。

台中と高雄市内は、タクシー台数もそこそこ多く、拾うのにあまり困らないが、台南、嘉義あたりは必ずしもそうは行かない。タクシー乗り場、たまり場は歩きながら賢くチェック（できるといいなあ）。

【その他】

観光客も利用できるレンタル・サイクルが各地で普及してきたが、自分の足でさんぽしたいぞ派のワレワレ夫婦は使ったことがない。

バスももちろん走っている。しかし路線が複雑すぎる上、到着時刻は曖昧、乗り降りの作法も慣れが必要。外国人が東京でいきなり都バス利用するようなもの。現時点ではタクシー移動を推奨したい。

乗り物といえば、エスカレーターは左側歩行。

真的嗎!? 衛生紙請投入馬桶内

持ち物準備のコツ

【服装】

夏の服装は、日本の真夏日をイメージするといい。レストランや電車が、冷凍庫状態のことがあるので、羽織れる薄ものを1枚は用意。

春秋は半袖、冬場は長袖シャツが基本、夜は何か羽織ってちょうどよい感じ。

年末年始あたりに行くと、ダウン姿の現地人をよく見かける。そこまで寒くはないよオーバーでしょとか笑っていたら、あちらの人は暑さ慣れしてる分、寒さに敏感で、日本人が肌寒い程度でも寒く感じるのだそうで失礼しました。とはいえ、薄着で行きすぎると思ったより寒いし、空調はホテルですら暖房機能がないし。あんまり困ったら向こうで羽織るものを買い足すことになる。台湾のユニクロと言えるNETの店舗があちこちにあるのでのぞいてみたりするのも、それはそれで楽しいけどね。

気張りすぎた格好は、外国人観光客であっても悪目立ちする。そもそもあちらの女性はあまり化粧もしないし。近くの街にオシャレして出かけるぐらいのゆるい格好が

●NET
ご近所着としては申し分ない。一見の価値はある。
https://www.net-fashion.net/

ほどよくなじみ、さんぽの足も弾むはず。

靴は健康靴の老舗、ビルケンシュトック（BIRKENSTOCK）のサンダルかシューズを推奨したい。台湾はビルケンシュトックの店が多く、履いてみると確かに風土にマッチしているのか街をさんぽしやすい。ワレワレも台湾での足元はビルケンシュトックである。もし買ってみるなら、台湾の方が少し安いよ。


【お金と電源とコンビニと薬局】


お金の単位表記は元《ユアン》ないしはＮＴＤ（ニュー台湾ドル）。名称はちがっても同じ単位。レートは現時点（２０１８年）で1元＝￥４見当。軽食類やタクシー、電車、マッサージをのぞけば物価はさほどお得感を感じないはず。電源は二股コンセントで１１０Ｖ。日本で使っている家電がそのまま使用可能。

また、全家＝ファミリーマート、７・11＝セブンイレブンなど、日本のコンビニが全土に入り込んでいる。品揃えも24時間営業なのも基本構成は同じ。日常品に困っても簡単に手に入る。

台湾は生水はアウトなので、コンビニはミネラルウォーターを買うだけでも使うことになる。種類豊富で、炭酸水も出回るようになってきた。いろいろ試すのは楽しい。

ドラッグストアに行けば、こちらも新三共胃腸薬とかおなじみの薬がそこそこ並んでいる。軽い胃もたれや風邪程度なら、見慣れた薬が手に入り、困ることもない。

【重要！一新したトイレ事情】

トイレに紙を流すのはご法度で、ゴミ箱に入れることになっていたが、紙の質が向上し、詰まりにくくなったので、政府が音頭をとり、トイレに紙を流そう運動が始まった。17年に唐突に始まったばかりゆえ混乱状況にあるが、トイレに入ってゴミ箱が臭いを抑える蓋付きでなければ、流していいみたい。

我住過覺得還不錯的旅館

街さんぽにもってこいの宿あれこれ

高雄・台南・嘉義・台中それぞれの街で、実際に泊まってみて、街さんぽにおあつらえ向きだった宿を幾つか挙げておく。前回の本の宿に続けてのオススメである。

高級民宿はやはりよろしい。

オリンピック開催にともない、わが国でも増えつつある民泊。台湾ではオリンピックとは関係なく、以前から民泊あるいはそれに類する宿はあって、まとめて民宿《ミンスウ》と呼ばれる。日本の民宿のように、オーナー家族と仲良くとか、背包客＝バックパッカー向けの宿もあるけれど、古民家をリノベした雰囲気ある民宿が街中にけっこう隠れているのがオモシロイところ。

ただ古民家をリノベといっても、オシャレな家具を持ち込んで、レコードとか古書とかレトロ雑貨をちゃちゃっと並べた程度の、しょぼい物件も目につく。あるいはファ

小島公寓は長い
玄関廊下から
してカッチョイイ

ンシーすぎちゃってオッサンには厳しすぎたり。一概に宿のせいにはできないけれど、あちゃ～だった宿泊体験、自分もそれなりに重ねている。

そういった宿と一線を画す意味で、あえて高級民宿と呼びたい民宿がある。運良く出合えて泊まれると、台湾散策は俄然《がぜん》輝きを増してくる。

高級民宿は何がよろしいのか。

荷物を置き、眠りをとるためだけの場所ではなく、本格リゾートホテルさながらに部屋ですごす時間を楽しみ、満喫できることにある。しかもゴージャスなホテルのように周囲と隔絶した別世界に籠もるのではなく、台湾の素の生活を間近に感じ取れるのだ。昼下がりや朝食の後、ご近所から漂う物音や会話などを肴に、部屋でまったりくつろぐひとときは高級民宿ならではの味わいといえる。

■台南

台南での宿泊は、前回の本でも紹介した『謝宅《シェチャイ》』がやはりはずせない。

謝小五《シェシャオウー》氏が、かつての自宅や、親族の暮らしていた古民家を宿として大胆にリノベーション、現在確か6カ所にある。場所は基本的に秘密。宿近くで待ち合わせ、フレンドリーな案内人の日本語ガイドで宿に招かれ、部屋の使い方とともに建物の来歴について説明される。単に雰囲気がレトロというだけではない。家の持つ記憶に分け入って、生活の断片に触れることができるのが謝宅の魅力なのだ。一方、水回りや寝具類などはしっかり吟味されており、心底リラックスできる。

◉謝宅
住所は非公開。

宿のタイプは、3階建ての古民家を一層ずつ客室に振り分けたり、元おばあちゃんの家一棟貸しだったり、あるいは古い長屋だったりとバリーション豊か。今まで4カ所に泊まったが、いずれも毛色が違っていて飽きない。ことにおばあちゃんの家が素晴らしく、木戸を入るとすぐ目の前が池で、渡った先が玄関という遊び心から魅入られた。ガラス窓を開け、畳敷きの床でそよかぜにまどろみつつ、人生で3指に入る極上の昼寝を、夫婦でもって堪能したものだ。

また、元退役軍人の住まいだった2階建ての古い長屋をリノベーションした宿（謝宅の別ライン）は、中心部の南はずれ、散策の楽しい五妃街《ウーフェイジェ》付近というロケーションからして、よりツウ好み。車も入れない路地の先にあり、さながら遠縁の家の留守番でもしているかのような居心地で、宿にいるだけでオモシロかった。

いずれも食事は自己調達だが、宿ごとに手渡される秀逸かつ詳細なご近所案内マップのおかげで、まったく困らない。

古民家をリノベしたカフェが、台湾の古民家特有の、奥に長い造りを利用して、突き当たりの部屋を民宿にしているケースもある。前回の本で紹介した『正興咖啡館《チャンシンカーフェイグァン》』、あるいは『來了《ライラ》』あたりが台南ではオススメできる代表格。

『來了』はカフェの奥の欧風の中庭をはさんだ先に宿があり、雰囲気がまことにオシャレ。室内も欧風の凝った作りで、女性に支持されるのは当然か、オレも支持する。

『來了』のある新美街《シンメイジェ》は細い筋ながら、ここ最近、台南で新しいセンスの小店が並ぶ注目の筋。市場も近く、中心部のさんぽには利便性バツグンなのもいい。

◉正興咖啡館
台南市中西區國華街三段43號
前著『オモシロはみだし台湾さんぽ』参照
MAP P170 B・3

◉來了
台南市中西區新美街149號
MAP P170 B・3

ちなみにカフェの営む民宿の場合、たいがいきちんとしたパン系の朝食が付いてくる。より台湾らしい朝食を外食で楽しみたい食いしん坊には、悩みの種だ。贅沢な話だけど、ワレワレは未だ解決策を見いだせず困っている（だから民宿でも食べる）。

■高雄

『小島公寓《シャオダオゴンユー》』は、小島藝廊というギャラリーが営む高級民宿。1階の画廊で説明を受け、鍵を預かり、画廊脇にある派手な黄色い扉から中に入る。細い通路の突き当たり、上り階段の先の2階〜5階にサイズ、タイプの異なる部屋が6室。

古い建物のリノベ物件なれどスタイリッシュにまとまっていて、くたびれ感はない。

4階の2人用の部屋に泊まったが、ベッドとソファスペースとの仕切りの壁に現代アートの版画が並ぶ他、趣味のいい家具が控えめに置かれている程度。華美すぎず質素すぎずのバランス感覚がお見事だ。

大通りに面しているが、二重窓で防音対策は万全、お茶請けや小物類もよく吟味されている。トドメは近くの店で台湾式ミルクティー&トーストが食べられる朝食チケット。それが名店の『老江紅茶牛奶《ラオジャンホンチャニュウナイ》』（37ページ）ときているんだから粋すぎる。宿泊者の使い勝手を、さりげなく熟慮してあることにほれぼれする。ツンデレの美学と申しましょうか、見識あるスマートなセンスがオトナの味わい。個人的には、近隣の妙に照明の暗い豪華ホテルより、泊まり心地は上でございました。

六合夜市《リュウフェイエシー》や美麗島《メイリーダオ》駅まで徒歩数分というのも高ポイント。酔っ払っていると階段が

◉小島公寓
高雄市新興區六合一路148號
MAP P171 B-2

ちとキツいが、価格もリーズナブルだし、文句いいませんからまた泊めて。

■ 台中

『小鎮，記《シャオスゥジー》』は、台中屈指のさんぽエリアと勝手に言ってはばからない土庫里のただ中にあり、ワレワレは、ここに泊まったことがこのエリアの魅力に目覚めるきっかけとなった。

場所は予約しないと教えてもらえない。メールを介して予約し、主とは一切顔を合わさない。大通りから1本入った静かで庶民的な通りにあり、地味な扉を教わった手順で開けると、前庭付き2階建ての宿がドーン。広さにまずのけぞる。

1階が広いキッチンとバス、2階が寝室でリビングとベッド。寝室は予備室付き。仲良しとなら一緒にきてもいい。

水の出が弱いとか、作りはややラフだけど、雰囲気バツグンだし、さんぽの利便性を考えたらあまり気にならない。朝食についても、このあたりはパン系の朝食店の宝庫でもあり（開店8時～）、沢山ありすぎて選ぶのに悩むほどだ。

◉小鎮，記
住所は非公開。

さんぽにほどよい街なかホテル

民宿ほどの味わいはないものの、お手軽に泊まって街さんぽを楽しめればいい、あるいは事情があってゆっくり民宿は無理、なんてこともあるでしょう。ごもっとも。

ワレワレだってございます。街さんぽに重宝したホテルを挙げておく。

■台南

観光名所的にはイマイチでも、歩き回ってみると意外と楽しい在来線・台南駅周辺。最近ここに、『三道門建築文創旅店《サンダォメンジェンヂュウェンチュアンリュディエン》』という使い勝手のいいホテルもできた。駅前の大通り成功路沿い、心が折れなければ荷物ひきずり駅から徒歩10分ほどでたどり着ける。ビジネスホテルをスタイリッシュにした感じのホテルで、客室を含めこざっぱりした内装に好感が持てる。1階のちょっとしたバー・スペースでは深夜まで飲めるし、コース仕立てで十数種の中から選べる朝食も、なかなか美味《うま》い。

■高雄

初めて高雄に訪れるさんぽ好きなら、海側に広がる旧市街地、鹽埕區《ユアンチュアンチュ》ははずせない。シャトー・ド・シンこと『翰品酒店《ハンピンジウディエン》』ほか、大きな老舗ホテルがあるから、利用してしまうのも悪くはない。

高雄には高雄國際航空站《ガオションググウオジイハンコンチャン》なる国際空港もあって、東京や大阪から直行便でつながっている。南部だけですごし倒すつもりなら、こっちを使ったほうが便利だ。空港は街近くにあってメトロとも連絡。ただし、LCCで安くまとめると到着が夜11時近くなっていまいまい、ホテルをどうするか、という問題が出てくる。とりあえずの1泊なら、『Just Sleep 捷絲旅高雄站前館《ジェスーリュガオションチャンチェングアン》』がなにかと便利。部屋もそこそこ広いし、メトロ

◉三道門建築文創旅店
台南市中西區成功路77號
MAP P170 B-4

◉翰品酒店
高雄市鹽埕區大仁路43號
MAP P171 D-1

高雄駅から徒歩5分。さらに深夜もやっている六合夜市も徒歩圏内と便利（158ページ注）。

一方、穴場的にオススメなのが、中心部から半歩ぐらいずれた位置のスターハウス・ホテル＝『喜達絲飯店《シーダースウファンディエン》』。陶器を編み込んだような白い外壁が目を引くセンスのいいホテルで、部屋はゴージャスめ。24時間やっているカフェスペースとか、バリエーション豊かなバイキング式の朝食もレベルが高い。通りの向かいにKAVALANウイスキーの直営店が見えるのも、個人的には高ポイントである。

立地的には、10分ほど歩かないと台湾捷運＝メトロの駅がなく、地図で見ると不便そうなのだが、付近に大きなデパートが2軒あるし、自強夜市《ツーチャンイエシー》なんて、名前は猛々しいけど飲食メインのおだやかな夜市も徒歩圏内。ここを軸にしないと回りにくいポイントがあって、ならではの散策が楽しめる。

もともと高雄はメトロが2系統しかない。多少歩くことになるのは宿命であるし、泊まる毎に絶妙な地の利がじわじわわかってくるホテル。

■嘉義

『蘭桂坊花園酒店《ラングゥイファンフォアユアンジゥディエン》』は2016年にできた新ホテル。繁華街のほぼ中心の、ちょいひっこんだ場所に隠れ家風に立つ。部屋は小ぶりなれど現代的で清潔。飲食コーナーは弱いがホテルを一歩出た途端、目前に料理店が並んでいるからかまいません。文化路《ワンファルー》の夜市や、野球の投手像の立つ賑やかな噴水広場も目と鼻の先。朝食を取りに

◉Just Sleep
捷絲旅高雄站前館
高雄市新興區中山一路280號
MAP P171 B-2

◉喜達絲飯店
高雄市前金區成功一路286號
MAP P171 C-2

◉蘭桂坊花園酒店
嘉義市西區延平街250號
MAP P167 D-2

東市場（149ページ）にも余裕で歩ける。食い道楽には夢のロケーションである。食を別にしても嘉義市内さんぽの起点に理想的。

『嘉義桃城茶樣子《ジャイータオチャンチャーヤンズー》』はお茶をテーマにした有名ホテル。台湾各地でしゃれたデザインのホテルをリーズナブルに展開している承億文旅《チャンイーウェンリュ》グループの一軒。茶箱を積み重ねた外観が目を引き人気がある。到着するとお茶缶を壁に配したロビーにて中国茶でもてなされ、部屋ではお茶を加えた漢方薬の入浴剤で優雅な風呂を楽しめる。ただし、店内に茶芸館があるわけでもなく、お茶はあくまでイメージ止まり。また、在来線・嘉義駅と隣の嘉北駅《ジャベイ》（停車本数少ない）の中間という半端なロケーションのため、繁華街にはタクシーを呼ばないと行きつけない。

朝食も凡庸だが、裏手の徒歩10分あたり行った先が地元の飲食エリアで朝のさんぽがてら楽しい食事がとれる（巻末地図参照）。ひっかかる点もあるが、一度は泊まってみて損はないホテルだと思う。

街の規模にしてはバックパッカー向けの宿が多い一方、高級民宿と呼べるほどの宿は市街地ではまだ見つからない。これから出来そうだけど。

■台中

駅改装まっただ中の在来線・台中駅付近には、遊び心あるホテルが3軒、密集している。前回の本で紹介した、すべり台のあるおしゃれホテル『紅點文旅《ホンディエンウェンリュ》』に続いて開店したのが、『1969 BLUE SKY HOTEL 台中藍天飯店《タイチョンランティエンファンディエン》』と『過來旅店《ゴウオライリュディエン》』の2軒。

◉嘉義桃城茶樣子
嘉義市東區忠孝路516號
MAP P167 A-2

◉紅點文旅
台中市中區民族路206號
前著『オモシロはみだし台湾さんぽ』参照
MAP P168 C-3

◉嘉北駅

なぜか同じ市府路沿いにあって、しかも徒歩30秒と離れていない。手旗信号の送れる距離だ。

古い建物のリノベーションという点も似てるが、『台中藍天飯店』の方がゴージャスかつ洗練されている。１９６９年にオープンした古ホテルをモダンにリニューアル。エントランスの旅行鞄の壁とか、自転車のサドルを洋服掛けにした部屋のインテリアとか、演出がニクい。また1階にサンドイッチの名店『洪瑞珍餅店《ホンルイチェンビンディエン》』（40ページ）が入っているのも絶対見逃せない。

室内はやや狭いが、広いバルコニーがあって窮屈さはない。風呂は猫足のバスタブ。一方の『過來旅店』は、過去と未来をつなげる「過來」という意味が込められている。この場所にふさわしい名前だ。フロントこそレトロ雑貨店風だが、部屋は広めでござっぱりしている。

2軒のホテルのある筋は、開発されていくのだろうけれど、今はさびれていて付近にコンビニもない。『紅點文旅』の方が中華夜市《チョンファイエシー》まで徒歩1分のロケーションとしては便利。ホテルの朝食も紅點文旅の方が凝っている。

ただし、2軒のホテルだって、飲食店の多い第二市場が間近で、渋喫茶ゾーンだってある。近くにKAVALANウイスキーの直営店もあるし……ってKAVALAN推し少ししつこいけど、直営でないと買えない商品もあるのです。

いずれにせよ使い方次第といったところ。

◉1969 BLUESKY HOTEL 台中藍天飯店
台中市中區市府路38號
MAP P168 C-3

◉過來旅店
台中市中區市府路101號
MAP P168 C-3

◉亞緻大飯店
台中市西區英才路532號
前著『オモシロはみだし台湾さんぽ』参照
MAP P27

料理、カフェ、雑貨など楽しい店がぎゅっと詰まった土庫里《トウクウリィ》を含む、台中市内の中心部をめいっぱい歩き倒すなら、西區《シーチュ》エリアに宿を探すべし。台中の街がわかるにつれて絶妙なロケーションに感心する『亞緻大飯店《ヤーヂィダーファンディエン》』は前回の本でも紹介した。

ゴージャスすぎるなら、138ページの嘉義で紹介した「嘉義桃城茶様子」の系列ホテルで『台中鳥日子《タイチュンニャオリィズウ》』が手頃。裏手がカフェゾーン（但し大半は9時以降開店）だし、どの方面にもほぼ均等な距離で出ていける。オシャレ志向の宿だけど、微妙なはみだし方をしていたりする。泊まった部屋は風呂が間仕切りなしにでんと置かれていてたまげた。二人でどうやって使えと……。いかがわしいホテルではないのですけどね。

『旅人日記《リュレンリージー》』は、名称こそベタだが、コンクリート打ちっ放しのスマートな民宿。1階は『Cafe Trip 22 旅人貳貳咖啡《リュレンアーアーカーフェイ》』というゆるいカフェ。繁華街の裏手にあり、あちらでは台湾10大マンゴーかき氷にも選ばれたことのある『美村點頭冰《メイツンディアントウビン》』や、胡椒餅の名店『黄家胡椒餅《ファンジャービン》』がスキップして戻ってこれる徒歩1分。飲みなら『Orgasmo』（60ページ）もスキップ圏内。部屋の風情をじっくり味わえるわけではないけれど、中心部の街あるきベース・キャンプとしては便利でお手頃だ。

◉台中鳥日子
西區忠明南路98號
MAP P169 B-2

◉旅人日記
Cafe Trip22 旅人貳貳咖啡
台中市西區中興八巷22號
カフェは16時〜24時ぐらい 無休
MAP P27

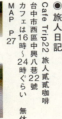

台湾中南部
ヌクユルさんぽ
実録
ケーススタディ

CASE STUDY
1

台中《タイチョン》

台湾第2の都市の穴場ゾーンさんぽ

高雄・台南・嘉義・台中の街さんぽのサンプルを、実録を元に用意してみた。参考になれば幸いだ。いずれの街も魅力テンコ盛り。有名観光スポットや名物料理をあっさり回って日帰りなんていうのは、蒸籠に並ぶ汁気たっぷりの小籠包をひとつまみして、残りはポイするごとき行為。あまりにもったいない。紹介する街はいずれも1泊はする価値がある。街の空気に夜から朝までじっくりひたり、ゆるりと散策して堪能するべし。位置関係がつかみやすいように、台北に近い中部から始めて、より南部の街へと紹介していく。ではまずは台中からスタート！

エリア概略

台中の中心部を、経験的にざっくり区分すると……

A＝旧市街地に相当する在来線・台中駅の周辺。ゴージャスなアイスクリーム店＝『宮原眼科《ゴンユァンイエンカー》』と二号店の『第四信用合作社《ディスーシンヨンフォゾウオシユァ》』が有名。

B＝在来線・台中駅から見て北西のずっと先、しゃれた高層ビルが立ち並ぶ、市庁舎を中心としたバブリーな新市街。台中國家歌劇院《タイチョングオジャグアジュユエン》＝オペラハウス（103ページ）がある。

C＝市庁舎の北の先の逢甲夜市および在来線・台中駅の北の先、一中街《イーチョンジエ》のある若向けエリア。

地元菓子メーカー経営の『宮原眼科』は台中駅前に新風を吹き込み、若い世代を呼び寄せた。

よく紹介されるのはAにあるアイス屋さんと、Bのオペラハウス。だがこのAとB＝旧市街と新市街に挟まれた土庫里《トゥクウリイ》を含む西區《シーチュ》＝西区というエリアこそ、小ぶりでアジな飲食&雑貨店がごっそり潜む穴場。ここを中心としたモデルコースをさらっと紹介したい。

自称・ＬＣＣ楽々スペシャルコース（124ページ）で新幹線の高鐵・台中駅へ到着。

駅1階タクシー乗り場から、車で宿泊先の『1969 BLUE SKY HOTEL 台中藍天飯店』（140ページ）へ。

11：00〜

11時すぎに到着。荷物を預けて外に出る。年々賑わいを増している在来線・台中駅駅前はすぐ近くだが、このホテルは喧噪に巻き込まれない適度な位置にあるのがいい。

さてランチだ。まだ混んでいない時間だし、よりどりみどり。駅前の上海料理『沁園春《チンユエンチュン》』。小籠包《シャオロンバオ》や素蒸餃《スーヂョンジャオ》＝ほうれん草の素蒸餃をはじめ、総じて美味く、老舗然とした店構えも魅力。12時前は狙い目かも。あるいは『繼光香香雞』（31ページ）で軽くトリ唐をつまむのもいい。

しかし今回は、タクシーですぐ西區方面へ移動、『若柳一筋《ルイリョイージン》』（111ページ）へ。ここでしか味わえぬ台湾風手打ちうどんに、小皿各種をつけて舌鼓。

食後、目前の五權西區西路一段の大通りに出て東に進み、國立台灣美術館そばの『Retro Mojo Coffee』（51ページ）でコーヒー。

この辺り、13時以降開店の店も少なくない。國立台灣美術館でファインアートを鑑賞、あるいは品揃え豊富なミュージアムショップをのぞいて時間調整。その後、大道りをはさんで南側に広がる土庫里へ（24ページ地図参照）。

14：30～

土庫里の北のエリア（27ページ）およびその先へ移動。

美村路一段の大通りをふたたび渡り、雑貨店の密集する「審計新村《シェンジィシンツゥン》」から「緑光計畫《ルイグアンジィフア》」あたりをぶらぶら。靴を脱いであがる店内がおもしろいハイセンスな本と雑貨店『占空間《チャンコンジャン》 Artqpie』は15時開店。開く頃合いを見計り、そちらも立ち寄る。

疲れたらカフェや甘味店で息抜き。ケーキの『CJSJ 法式甜點概念店《ファシーテェンディエガイニエンディエン》』、パイナップルかき氷の『豊好《フォンハオ》×天天都美好《ティエンティエンドウメイハオ》』の他にも、『木曰布丁《ムウユエプーディン》』の素朴なプリンや『美軍豆乳冰《メイジュンドウルーピン》』のこだわりの豆花やかき氷、といった美味がテンコ盛り。ゆっくりしたいなら『元生咖啡』が比較的すいている。

雑貨類豊富な『慢聚落』を経て公益路を越え、勤美誠品緑園道の脇の緑道沿いに北上。無料のミニ庭園ミュージアム「勤美術館《チンメイシュグアン》」から生活起物と、國立自然科學博物館までの間をうろうろ。博物館前の『有春冰菓室』（110ページ）でスイカ・ジュースを飲んで、オノレの労をねぎらう。

18：00～

夕食タイム。タクシーで土庫里ゾーンの『品八方燒鵝《ピンバーファンシァオアー》』（115ページ）へ。

たらふく食べて飲んだら、徒歩5分ほどの『鶴康屋足體養身會館』で足裏マッサージ。

シメの一杯を飲みに車を呼んでもらい、『Kc cigar 凱西雪茄館《カイシーシュエチィエグアン》』（60ページ）か『掌門精釀啤酒』（57ページ）へ……と思ったら、ツマがさすがに疲れたぁというのでホテルに直帰。遅いチェックインを済ませる。

近くに散策に出て、ライトアップされた柳川の川辺でぼ

1.『幸發亭蜜豆冰本鋪』はかき氷系のメニューが豊富、『宮原眼科』のような混雑もない穴場。 2. マークがカワイイ『美軍豆乳冰』は素材重視の本格派。

んやりした後、近くのコンビニで水を買って戻り、爆睡。

2日目

8:30〜

近くの渋喫茶ゾーンをはしご。地元のおじさま方に交ざって朝のコーヒーと朝食。

10:00〜

チェックアウト。フロントに荷物を預けて再び外出。徒歩圏内の第二市場にある『三之一咖啡《サンヂーイーカーフェイ》』（あるいは、やはり徒歩圏内の『幸發亭蜜豆冰本鋪《シンファチィンミィドウビンベンプー》』のいずれかでフルーツかき氷。『三之一咖啡』は市場の中庭にあって、早い時間は静かでゆったりできるし、『幸發亭蜜豆冰本鋪』は、アイスの『第四信用合作社』の裏手にあるオシャレな内装の店。美味いのになぜか知られていないスイーツの老舗。看板商品は蜜豆氷《ミィドウビン》。砕いた氷の下に蜜豆風の具が隠れているかき氷。フワフワかき氷や豆花＝豆乳プリンなどもあり、使い勝手のいい穴場状態。うふふ。

車で台中國家歌劇院＝オペラハウスへ。開館時間の11時30分直後に到着。洞窟のような建物の中をざっくり散策。

12:30〜

車か徒歩（オペラハウス前の気持ちのいい緑道を直進約30分）で、『曙光居』（115ページ）へ。

たたずまい同様センスがよくて美味い素食を満喫したら、近くの緑生い茂る心地よい川沿いをぶらぶら。『實心裡生活什物店』（83ページ）が開いていたので、粋な雑貨を物色。

14:30〜

大通りに出てタクシーを拾い、下町レトロな南屯（118ページ）の萬和宮へ。老舗菓子店の『林金生香』で美味い生菓子をみやげに買ったり。気が済んだところで大通りに出て、ふたたびタクシーでホテルに戻る。

16:30〜

ホテルで荷物を受け取り、建物の1階にある『洪瑞珍餅店』（40ページ）で絶品サンドイッチを買い込み、高鐵・台中駅へ。在来線・台中駅から電車で行くもよし、またもやタクシーもよし。

LCCの深夜便で東京に戻るのなら、高鐵・台中駅から夕方17時32分の新幹線に乗れば間に合うから余裕だ。

◉第四信用合作社
台中市中山路72號
10時〜22時　無休
MAP　P168　C-4

◉沁園春
台中市中區臺灣大道一段129號
11時〜14時　17時〜21時　㊊休
MAP　P168　C-4

◉第二市場 三之一咖啡
台中市三民路二段第二市場内3・1號
だいたい8時〜16時　無休
MAP　P168　C-3

◉幸發亭蜜豆冰本鋪
台中市中區台灣大道一段137號
10時〜22時　無休
MAP　P168　C-4

CASE STUDY
2

嘉義《ジャイー》

最高の市場と食い倒れあるき

エリア概略

台南をよりローカルにした街。区分的には台南の北端にあたる。小ぶりで地味めな街ながら、ゆるい空気の中、日本統治時代の上質なヒノキの伐採と製糖で潤った華やかさが、街並みにどことなく残っている。

２０１４年に日本統治時代の嘉義を舞台とした台湾映画『ＫＡＮＯ』が大ヒット、注目の場所ともなった。

台湾屈指の日の出の名所として知られる霊峰・阿里山へ向かう登山鉄道の始発駅でもある（現在一部区間不通）。

近年は台北の故宮博物院の分院である、「故宮博物院《グーゴンブォウーユエン》南部院《ナンブーユエン》」も近郊に完成。

また、日本統治時代の獄舎が獄政博物館《ユィヂョンブォウーグァン》になっていたり、昔の日本人住居区を檜意森活村《フウイイーセンフォツン》なる施設にして修復保存してたり、レトロな登山鉄道の車庫を公園に開放したり、地元密着の珍しい観光施設も揃っている。

今食は、嘉義発祥の雞肉飯《ジィロウファン》＝鶏肉のぶっかけ丼が有名。や台湾全土で気軽に食べられる軽食の定番だが、さすが本場は格別。約80軒の雞肉飯店があるそうで、香川における讃岐うどんのポジション。無論その他にも食らうべき美味がいろいろある。

そして東市場《ドンシーチャン》！　個人的に、現時点で台湾で最もさんぽのしがいのある市場として推薦したい。

さらに嘉義の人は情に厚く、台湾でも特に親日的な印象がある。街中で日本人とわかるや、声かけられたり、市場で売り物サービスしてくれたり。歩いていてまず見かけない日本人は、街の歩きパンダ状態なのかも。

台北以外の台湾を何度かさまよった上で、箸休め的に訪れるとよりシックリくる感じがする。懐かしい時代のおもかげともども、食べ歩きを想像以上に堪能できる。

1日目

～12：30

自称・LCC楽々スペシャルコースで台北桃園国際空港に到着。桃園メトロを経て高鐵桃園駅から台湾新幹線で中南部へ。より旅風情を楽しみたいなら、高鐵台中駅で在来線に乗り換える手もあるが、今回は新幹線で高鐵嘉義駅まで乗って下車、駅前でタクシーを拾う。

ほどなく駅前広場工事中の在来線・嘉義駅の線路を越え、向こう側に広がる街の中心部に入り、12時少し前に宿泊先の『蘭桂坊花園酒店』（139ページ）に到着。部屋は少し狭いが、16年に出来たばかりだし清潔でシンプル。それに嘉義の街歩き、ことに食べ歩きを目的にするなら理想的すぎるホテルだ。フロントに荷物を預け、チェックインまでの間、街中へ。さっそく昼食、うふふ。

13：00～

まずは名物の雞肉飯。雞肉飯に思い入れのなきワレワレ夫婦は、最初あんなもの1カ所で食べれば十分じゃんとか、タカをくくっていた。だが器が小さい上、あっさり味なもので食べやすく、ついつい別の店でも試しはじめて、気がつきゃ雞肉飯はしご三昧である。

嘉義の雞肉飯は火雞《フォジィ》＝七面鳥を使うのが基本。ご飯の上に細切りにして盛り付け、特製塩ダレをぶっかけて食す。オススメの雞肉飯店は、少し調べただけで現地のブログを含めて、様々な店が紹介されすぎている。元祖の『噴水雞肉飯《ペンシュイジィロウファン》』をまず押さえ、あとは自分の勘と舌にたよって様々な店を食べ回ったほうが、体験としてよりおもしろそう（それゆえ登場する雞肉飯の店名は、『噴水雞肉飯』と、使いやすい駅前の2軒しか明記しません）。

ホテルから徒歩数分の中央噴水池《チョンヤンペンシュイチー》の広場。そのすぐ脇の噴水雞肉飯・本店へかけこむ。おお、混んでいる混んでいる。なんとか席を確保。あっさりした雞肉飯をあっさり平らげ、並びのジューススタンド『源興御香屋《ユエンシンユィシャンウー》』に目をやる。タイミングよく空いている。チャンスだ！　看板商品の香吉士百香綠茶＝パッションフルーツの中国緑茶割りジュースにありつく。新鮮かつ濃厚なパッションフルーツと、酸味をやんわり和らげる緑茶のバランスが絶品。いつも長い行列なのも当然と納得。

噴水雞肉飯の店の脇の狭い通路に入って、不思議な丸い路地が楽しい中央第一商場《チョンヤンディイーシャンチャン》を通り抜け、中正路へ出る。この道を在来線・嘉義駅のある西に向かって通りをまったり散策。中正路は味のある古い建物が多く、進むにつれてレトロさがアップ、渋渋の果てに明るい駅前広場に抜け出て道は終わる。この感じがいいんだなあ。

近くの蘭井街にある『樂豆《ルウドウ》 LoveBean』でデザートがわ

りに豆漿《ドウジャン》＝台湾風豆乳の専門店をテイクアウト。昔ながらの製法にこだわりロハスな豆漿で、ほのかで自然な甘みが大人味。

ついでに、抜け出た中正路のすぐ側に並ぶ『三雅嘉義火雞肉飯《サンヤージャイーフォジィロウファン》』か、『嘉義車頭火鶏肉飯《ジャイーチャントンフォジィロウファン》』いずれかで2杯めの雞肉飯。向かい合った2軒できちんとビミョウに味が異なるのが悩ましいところである。

タクシーの拾いやすい駅前で車を拾い、嘉義観光の目玉スポット檜意森活村《フウイイーセンフォツン》へ。かつて林業に携わっていた日本人の宿舎の群れを修復保存している広大なエリア。山岳鉄道・北門驛《ベイメンイー》＝北門駅が隣接、昔ながらの木造のたたずまいを残している。その隣も山岳鉄道の車庫を兼ねた、阿里山森林鐵路車庫園區。歴史スポットが寄せ集まった、嘉義を訪れるなら挨拶に寄っておくべき場所。

まったり散策しつつ、南下して中山路の大通りへ。『承億小鎮慢讀《チャンイーシャオヂェンマンドゥ》』へ向かう。しゃれたデザインのホテルを手がける承億文旅グループが、くたびれた書店をリノベーションして復活させた店。1階〜3階の各階に、異なった趣向の本と飲食スペースを兼営させているのが特徴。雑貨類も少々。試みがおもしろい。ぶらつきがてら、1階の喫茶コーナーで一息。

店を出て中山路を西に進めば、まもなく中央噴水池の広場に戻ってくる。広場をすぎればホテルはすぐ。その直前、通り道で『郭家雞肉飯《グオジャージィロウファン》』をみかけ、もう1杯食べるか悩む。チェックインして荷を解き、しばし休憩。

◉ KANO

台湾が日本の一部だった昭和6年、嘉義商業高校＝通称カノウが台湾代表として夏の甲子園高校野球に出場、苦難の末に準優勝を果たした実話を映画化したもの。邦画名は「KANO 1931 海の向こうの甲子園」、実在した日本人監督役に永瀬正敏。台湾映画でありながら、当時の生活を再現するため、会話の大半は日本語。ヒットにともない、嘉義の中心部の噴水広場に高校球児の金色の投手像も建立され、街あるきのよき目印にもなっている。

また嘉義市内の『新明津創意美食餐』（シンミンジンチュアンイーメイシーツァン）という店では、KANO 棒球套餐＝KANO 野球定食なるものが食べられる。思い切り人気にあやかった品で、皿の上を野球場に見立てている。フリカケ付きライスがホームベース、骨付き肉がバット、その他、観衆、ベース、マウンド等々を表現しているらしい。箸を持つ手が押し殺した笑いで震える。味はまずまず。魚丸＝魚の団子で財をなした地元食材店の経営だけあって、付いてくる魚の団子スープは、味が深くてかなりイケる。

嘉義市仁愛路382號　11時〜14時　17時〜21時　㊊休　MAP　P167　D-1

17：00〜

たまにはきちんと中国茶を頂こうよと、近郊の『竹居茶樓《ヂュジィチャーロウ》』へ。ふたたびホテル間近の中央噴水池の広場へ。タクシーのたまり場があるので、車をすみやかに拾えるのだ。『竹居茶樓』は茶芸館にして飲茶の店。池のある風雅な庭園を囲んで建てられた、雰囲気バツグンの中国式の伝統建築。本格的な中国茶を味わえる。点心類も豊富で美味。個室に分かれていて、気兼ねなくお茶できるのがイイ。工夫茶の作法に則り中国茶を煎れ、名物のひとつ熱木桶豆花《グンプーチャドウフア》を注文。木桶に大豆プリンの豆花を仕込んだもので、数種類のタレで頂くという趣向。美味いけどさすがにでかい。

優雅なひとときを過ごした後、「請幫我叫計程車（私にタクシー呼んでください）」と記した中国語のメモで、車を呼んでもらい、中央噴水池の広場に舞い戻る。目と鼻の

1.『噴水雞肉飯』の元祖・雞肉飯。**2.**『竹居茶樓』は席が池に面し広々、雰囲気たっぷりだ。シンプルな旨さが癖になる。**3.** これぞKANO野球定食。旗はおみやげに持ち帰るべし。**4.** 入り口から効果ありそうな『心宜草堂』。漢方茶もさすがに鮮度良し。

先の『林聰明沙鍋魚頭』（67ページ）で、絶品鍋＋小皿各種＋ビールで、うまうまの桃源郷をさまよう。

その後、北上して徒歩5分ほどの『MIMICO CAFE 秘密客咖啡館』（54ページ）の美味いコーヒー。口をまとめ、さらに北上して『草地總統府』（58ページ）で台湾クラフトビールを軽くあおる。満足して千鳥足でホテルへ。

ホテルすぐ前の文化路夜市の賑わいをひやかし、通り過ぎてちょい先の『阿岸米糕《アーアンミィガオ》』でお夜食。素朴美味な米糕＝おこわ飯小サイズを食らい、シアワセに寝つく。

2日目

7：00～

眠い目をこすって起床。ラフな格好でいざ朝の東市場へ。今回泊まった『蘭桂坊花園酒店』から、余裕の徒歩15～16分で行き着けるのはホンマに便利だ。市場とその周辺はすでに動き出して、活気をおびている。

ワクワクして市場内へ。お目当ては嘉義屈指の老舗『王家祖傳本產牛雜湯《ワンジャーズーチュアンベンチャンニィウザータン》』。市場の中心部で、静かに湯気をあげている大鍋が目印。ここの牛雜湯＝牛モツのごった煮は、ひと口すると食いしん坊を黙らせる。牛モツの臭みなど皆無、様々な部位の異なる歯触りが生み出すハーモニー、さっぱりとして奥深い澄んだスープ、思い出すだけで陶然とする。今のところ個人的モツ煮込み部門ぶっちぎりの一位である。お客を分け隔てせず、さらっと席を用意してくれる女将の、こざっぱりした客あしらいもお見事。

東市場の外の通りで見かける端正な陳列の一例。

周囲には他の軽食類の店も並び、あれこれ手を出して充実の朝食となる。

またこの店のある東市場は、建物の周辺にも露店がはてしなく連なっている。かなりの規模なので、歩いてみるとけっこう驚く。

大まかに生鮮食料、野菜果物、生活雑貨、衣類等にエリア分けされている。それを覚えておけばざっくり位置関係がつかめてくる。台湾ではよく目にする品揃えの、伝統的な市場なのだけど、品物の並べ方が妙にキレイで凝っていたり、一本筋の通った美学がある。

そして情に厚い。冒頭に触れたように煮卵をサービスしてくれたり、愛玉子ゼリーの店で、特別に小サイズを作ってくれたり、何かと対応が温かい。

広くてある種の美学があり、情にも厚い。さまよい歩いていてこんなに心地よい市場は他に見当たらないかも。

5

6

7

5. 意外と広い『檜意森活村』。 6.『王家祖傳本產牛雜湯』のモツスープは臭み一切なし、様々な部位の食感を満喫できる絶品。 7. 東市場はどことなく品があるのだ。

東市場で王者然とする『王家祖傳本產牛雜湯』。

あー嘉義来てよかったあ。

たっぷり楽しみ、旬の果物を買いこんでホテルに戻る。果物をつまみながら少しだけ二度寝。

11：00〜

チェックアウトして荷物を預け、車で昼食へ。食べ過ぎだから体調を整えようとかなんとかいって、漢方料理の『心宜草堂《シンイーツァオタン》』へ。永昌堂参薬行《ヨンチャンタンツァンヤオシン》という渋い漢方薬局の2階にある薬膳料理の店。メニューはコース仕立ての定食になっていて、ボリュームもそこそこある。漢方薬でイメージさせるような薬っぽさはほとんどない。1階で、オリジナルの漢方茶各種が安く手に入るのもうれしい。

帰りは、ぶらぶら歩いて戻ろうとしたら、さっそく美味しそうな佇まいの鶏肉飯店を発見。途中で『832 Coffee Roasters_捌參貳焙煎所』（53ページ）のコーヒーも寄れなくはないし。うーんどうする。

13：00〜

ホテルで荷物を受け取り、呼んでもらったタクシーで駅へ移動。次の目的地を目指す。「故宮博物院南部院」もこのタイミングで行くのが具合いいはず。

◉檜意森活村
嘉義市林森東路1號
10時〜18時　無休
MAP　P167　B-2

◉阿里山森林鐵路車庫園區
嘉義市東區林森西路2號
8時〜18時　無休
MAP　P167　B-2

◉噴水雞肉飯・本店
嘉義市西區中山路325號
10時〜21時30分　無休
MAP　P167　C-2

◉源興御香屋
嘉義市中山路321號
9時〜20時（㊏㊐10時〜21時）㊊休
MAP　P167　C-2

◉樂豆 Love Bean
嘉義市蘭井街346號
10時〜18時　㊊休
MAP　P167　D-1

◉承億小鎮慢讀
嘉義市東區中山路203號
10時30分〜22時　無休
MAP　P167　C-2

◉竹居茶樓
嘉義市大雅路二段275號
10時〜翌3時（！）　無休
MAP　P167　A-2

◉阿岸米糕
嘉義市東區民族路420號
16時〜24時　無休
MAP　P167　D-2

◉王家祖傳本產牛雜湯
嘉義市飲食區13號（東市場内）
6時〜13時　㊊休
MAP　P167　C-2

◉心宜草堂
嘉義市民國路159號　11時〜14時
17時〜20時　㊊休
MAP　P167　A-1

台湾中南部
ヌクユルさんぽ
実録
ケーススタディ

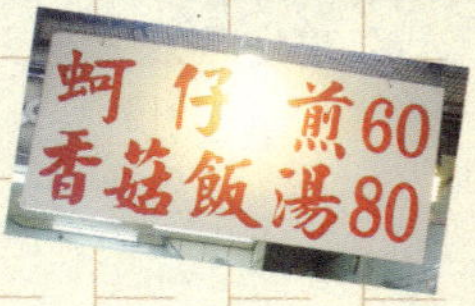

CASE STUDY
3

台南《タイナン》

レトロなだけじゃない魅惑のさんぽ

エリア概略

台南は、台湾で最初に首都のおかれた古都。海辺の安平の古跡、日本統治時代の現役の駅舎、街中に道教系の古寺が数多くひそみ、街に漂う古風な雰囲気から、台湾の京都とも称せられる。名物の小吃＝軽食も多く、牛肉湯《ニュウロウタン》＝湯がいた牛肉のコンソメ風絶品スープ。担仔麵《ダンツウミエン》＝台南発祥あっさり味のそぼろ肉汁麵等々、軽食類の聖地でもある。加えてそういった歴史がもたらす、ヌクユルの聖地であるとも言ってしまいたい。

最近は、風情ある國華街《グォファジェ》、神農街《シェンノンジェ》、信義街《シンイージェ》、新美街《シンメイジェ》あたりを軸に、レトロを売りにする店が増加、観光地化が進み、行き慣れてくるとちと鼻につく。人気エリアの宿命か。

だが台南は、決してレトロなだけの街ではない。在来線・台南駅の周辺と、路線をはさんで観光エリアの反対側にある東區《ドンチュー》など、今風のヌクユル・エリアだってある。

1日目

～12：00

自称・LCC楽々スペシャルコースで早朝の台北桃園国際空港に到着。桃園メトロを経て高鐵桃園駅の『摩斯漢堡』＝モスバーガーで火腿蛋三明治＝ハムエッグサンド（36ページ）を買い込み、高鐵・台南駅へ。いつ来ても降りた瞬間包まれる、ヌクユルな熱気がタマラン。

駅改札を出て2階連絡通路で沙崙《シャールン》駅へ。車窓に広がる田園風景をながめつつ30分ほどで在来線・台南駅に到着。レ

1. 台南の顔ともいえる國華街、永樂市場の活気あふるる魅力的な喧噪。 2. 東門城圓環の中州にある東門城。
3. 『原台南州立農事試験場宿舎群』は一部が展示場や和風カフェになっている。

トロな駅舎をぬけて成功路の大通りを5分ほど歩き、今回の宿『三道門建築文創旅店』（１３７ページ）へ。チェックインまで間があるので、荷物だけ預けて昼食へ。

徒歩6～7分の『磨磨茶』（37ページ）が混んでいたので、その先の『真正紅焼土魠《チェンジャンホンシャオトゥトゥオ》』に向かう。麺（細ビーフンか中華麺）に、揚げ魚の切り身のあんかけをのせた軽食の専門店。切り身の揚げ加減と、適度に甘酸っぱいあんかけの組み合わせが絶妙。額に汗かきながら黙々と平らげ、恍惚《こうこつ》にひたる。

近くの台南新光三越デパートのタクシー乗り場で車を拾い、「東門城圓環」と行き先を書いた紙を示す。名前の似た「東門圓環」と間違えないよう念を押す。

13：00～

初日は、観光向きのコースから半歩はみだし、おもしろそうな地元エリアを散策してみる。

10分もかからず東門城圓環《ドンメンチャンユエンファン》へ到着。

ここは楕円形をした環状交差点で、真ん中に立派な城壁の門が残っている。このあたりは在来線・台南駅の東側に広がるリッチな住民エリアの東區《ドンチュ》。ここを目印に周囲を歩いてみると、地元御用達のアジな店がけっこう隠れている。今風の店も多く、古風さとはまた違う台南の魅力をかいま見ることができる。

フライドチキンの『KLG』（33ページ）、こだわりパンの『GOODO好務食坊』、台北系列の『洪瑞珍』のサンド

『藍晒圖文創園區』は夕方あたりから存在感を増してくる。

イッチ等々、門周辺の魅力的な軽食を振り切り、ワーク系の男ものが揃う『Mr.old 老派人生』（74ページ）へ。台湾のこの手の店は午後2時ぐらい開店が多いけれど、ここは午前中から開いていて使い勝手も、ガツンとくる品揃えもいい。台湾ブランドの乙なワークシャツを衝動買い。ついでに、戦前の日本家屋の残る向かいの小公園、原台南州立農事試験場宿舎群《ユァンタイナンチョウリーノンシィシイエンチャンスーシュアチュン》をちょいぶら。

日本の60〜70年代喫茶を完璧再現した『KADOYA』（45ページ）や、一軒家カフェの『a Room 房間咖啡《ファンジャンカーフェイ》』などの有名店なども徒歩圏内。地味に楽しい。

南下して三角公園へ。近頃お気に入りのゾーンである。まずスタイリッシュな『虫二咖啡』（46ページ）。こういう現代的な台南風情もいいねと一息つき、続いて三角公園のやはり通り沿いの、1階がショッピングモールになっている建物へ。

新しくできたフランス菓子店の『漫歩左岸法式甜點《マンブウズォアンファシーティエンディエン》』、自家焙煎の大人っぽいカフェ『辰星咖啡《チェンシンカーフェイ》』が並んで入っている。いずれも本格派。

『漫歩左岸法式甜點』のカウンター席で、看板商品の榛果千層＝ヘーゼルナッツクリームのミルフィーユを注文。目の前でパイ生地にクリームを重ね、パリパリ生地の出来たての美味を供する。店員さんが学校時代に日本語を学んだ方で、思わず世間話。この三角形の公園は、庶民的な大東夜市《ダードンイエシー》の会場にも面している（月・火・木開催）。ハイソと俗の入り交じり方が変てこで興味深い。

流しのタクシーが少ないので店で呼んでもらい、台南駅近くに戻る。

15:00〜

文具画材店の『大漢美術用品社』（79ページ）の前で降り、徒歩数分にある『oqLiq 概念店』（75ページ）を物色、衛民路という通り沿いの若向けに足を向け、雑貨や洋服店を物色。日本物多いな。道にそってぞろぞろと西に進み、衛民路143巷という細い筋に紛れ込む。細い筋に、古民家をリノベしたカフェや軽食店が隠れている。古民家カフェの『小巷裡的拾壹號《シャオシャンリィダシイーハオ》』でさっぱり味の自家焙煎コーヒーを飲む。若人がたむろするカワイイセンス。谷根千や西荻あたりにありそうな時代臭とゆるい開放感。台湾では、細かく休みを入れ、水分補給した方がヘタらずにすむ。いきおいカフェや茶館に行く回数が増える。

「掰掰《バイバイ》〜」とカフェを出て、タクシーを拾い、あっという間にホテルに戻る。チェックインして一息。

4. 三角公園ゾーンの洒脱なショッピングモール。手前が『漫歩左岸法式甜點』。**5.** 深夜、『家郷八寶冰』で生温い夜気に包まれてのマンゴかき氷のうふふ。

18:00〜

ホテルから再びタクシーで、夕方からの灯《あか》りがきれいな『藍晒圖文創園區』（71ページ）へ。ひやかした後で、向かいの新光三越・台南新天地デパート前のタクシー乗り場でふたたび車を拾い、遠からぬ場所にある『福樓《フウロウ》』へ。前回の本でも紹介した明るい大箱店で台湾料理全般がハズレなく美味しい。相変わらず地元で大人気。いつの間にかフロアが2層に増えていた。日本語にも対応してるのに、日本で無名なのは謎すぎ。

満腹後、数軒先の『鄧老師脚底按摩養生館《ドンラオシージャオディアンモォヤンシャングァン》』で痛みにもだえつつ足裏マッサージを堪能。身体をリフレッシュ。

車を呼んでもらい、これまた遠からぬ場所にある『家郷八寶冰《ジャーシャンバーバオビン》』へ。タクシーを豪勢に使い回しているようだが、乗る距離が短い上、二人分の交通費と考えれば安いので、電車に乗る感覚で使ってしまう。

『家郷八寶冰』はかき氷の店。台南にかき氷店は数々あれど、大箱店は珍しい。しかも24時まで営業。深夜に山盛りのマンゴーかき氷をゆったりほおばるシアワセ。

『家郷八寶冰』がもうひとつお気に入りなのは、ロケーションにある。老街=古い街並みで有名な観光スポット、神農街の突き当たりの真裏にあたり、満喫した後、秘密めいた細い通路を抜けて、夜のライトアップで幻想的に彩られた神農街を散策できる。抜けたら、民權路三段→西門路二段と大通りを10分ぐらい進み、酒吧《ジウバー》=バーの『鑽石樓』（60ページ）へ。フルーティーなカクテルをひっかけ、ほろよい加減で、呼んでもらったタクシーでホテルへ戻る。

0：00〜

泊まった『三道門建築文創旅店』は1階にバー・コーナーがあって、深夜も飲める（21時〜翌3時）。屈指の台湾ウイスキーKAVALANも置いてるとなっては、素通りして部屋に戻れない。シメの一杯をストレートで交わし、熟睡。

2日目

7：00〜

目覚ましで起床。あくびをかみ殺し、徒歩3分ほどの『小璋碳烤輕食』（36ページ）へ。作りたての炭火焼きポークサンドをゲット。宿に『三道門建築文創旅店』を選ばないと、このお楽しみはムズカシイ。

だが、『三道門建築文創旅店』は朝食も美味いときている。凝ったサンドイッチ各種に、府城什麼粥なる、台南名物の青魚サバヒーのお粥セットがあり、手を出してしまう。朝から食べ疲れて二度寝。

10：00〜

2日目は、古風な定番エリアを回ることにする。チェックアウトを済ませ、荷物を預かってもらい、タクシーで永樂市場《ヨンラシーチャン》へ。市場と周辺をぶらつき、新美街わきの『道南館』（43ページ）で、すばらしい自家焙煎の絶品薄味コーヒーを満喫。それから5分ほど歩き、『島旬』（63ページ）の台湾風おばんざいで、はんなりとランチ。

13：00〜

『島旬』から、戦前のデパートをリノベした台南屈指のおみやげスポット『林百貨《リンバイフォア》』まで徒歩10分圏内。途中で立ち入れる『雙全紅茶《シュワンチュアンホンチャ》』（49ページ）で紅茶。飲みながら『林百貨』へ。近隣の店や画廊もひやかし、『林百貨』前のタクシー乗り場で車を拾い、ホテルで荷物を乗せ、次なる目的地へ。

羽田に戻るLCCなら、16時30分すぎの高鐵台南駅発台湾新幹線に乗れれば余裕。スケジュール次第で、1泊でも2泊分のボリュームを満喫だ。

● 真正紅燒土魠
台南市中西區民族路二段46號
11時〜22時 ㊋休
MAP P170 B-4

● 漫歩左岸法式甜點
台南市東區府連東路65號
11時〜19時 ㊊休
MAP P170 C-4

● 小巷裡的拾壹號
台南市中西區衛民街143巷11號
9時30分〜17時30分 ㊍休
MAP P170 B-4

● 福樓
台南市中西區永華路1段300號
11時〜14時 17時〜22時30分 無休
MAP P170 C-3

● 鄧老師脚底按摩養生館 永華店
台南市中西區永華路一段290號
24時間営業 無休
MAP P170 C-3

● 家郷八寶冰
台南市中西區金華路四段61號
14時〜24時 ㊍休
MAP P170 B-3

● 林百貨
台南市中西區忠義路二段63號
11時〜22時 無休
MAP P170 C-3

● 雙全紅茶
台南市中西區中正路131巷2號
10時〜19時 日休
MAP P170 C-3

台湾中南部
ヌクユルさんぽ
実録
ケーススタディ

CASE STUDY
4

高雄《ガオション》

あらびきな魅力の港町あるき

エリア概略

国際空港を有し、台北と双璧をなす人気スポットだった港町の高雄。最近は台南の陰に隠れていたきらいがあるが、世界的ガイドブック「ロンリープラネット」で、2018年に訪れるべき10都市の5位に選ばれ、ふたたび注目が集まりそうな気配だ。

旅行ガイドなどでは蓮池潭《リエンチータン》の巨大神像の写真などが、必ず載ってコテコテのイメージがあるが、洒脱な路面電車が開通したし、高雄駅をはじめ大規模な建物の改築、新築が進み、街の景観に新たな変化を与えていくことになる。

台湾最大の貿易港を持つ工業都市ゆえ、基本はビジネスの街、台北ほどではないにせよ、雰囲気はどことなくせわしい。でも観光地化が進む湾岸の旧市街あたりは、風情があってしっとりのんびりしている。鹽埕埔《ガオシャンジェユィン》駅周辺の朝などは、ぶらつくととても心地いい。

中心部を走る高雄捷運《ガオションジェユィン》＝高雄メトロには、世界で最も美しい駅のひとつに選ばれた美麗島《メイリーダオ》駅（巨大ステンドグラスの広場が圧巻）を有する。その一方、駅ごとに高捷少女《ガオジェシャオニュ》なる萌えイラストのキャラクターを制定、駅構内に記念撮影コーナーやら専門グッズ店まで屈託なく展開。

ほかにも、粗い扱いのマッサージ店にしばしばぶつかると思いきや、コーヒーのセンスは繊細だったり、相反する要素が、炒飯の具のようにざっくり混ざり合っている。

そんな「あらびき感」こそが高雄ならではの魅力であるように思える。

1日目

〜12：00

高雄には国際空港に直接乗り付ける手もあるが、今回は自称・LCC楽々スペシャルコースで行くことにする。台湾新幹線に乗り、南の終点左營《ズゥオイン》駅で下車。この駅は関東で言えば新横浜駅で、街の中心部へ入るには、在来線か高雄メトロに乗り換えなければならない。

在来線に乗り換えて高雄駅へ到着。丁度昼食の時間。

駅裏手の線路沿いにあるお手軽な『驛站食堂《イーヂャンシートン》』へ。台湾というよりベトナムかタイあたりを彷彿《ほうふつ》させるあらびきな雰囲気が魅力。濃いめのわかりやすい味付けの庶民的台湾料理を手軽に味わえる。味は普通だが外人慣れしているし、雰囲気が楽しいので、近くを訪れた機会に使うにはかなりいい。

またこの店は後驛商圏《ホウイーシャンチュエン》というベタな女性服店の密集地帯。地元御用達の超ミニのデニムパンツとか、ならではの品揃えがずらりでオモシロイ。

それから駅南側の正面口に戻り、旧高雄駅の先の『Bike coffee 拝克咖啡』（51ページ）で、至高の食後の一杯をまったり味わう。

駅前の高雄メトロで美麗島《メイリーダオ》駅へ。そこから5分ほど歩き、宿泊先の『小島公寓』（135ページ）へ。

チェックインまで間があるので1階に荷物をあずけ、散策へとくりだす。

◉直接乗り付ける

東京だとLCCが成田国際空港18時55分に出発、高雄國際航空站＝高雄國際空港22時40分に到着。高雄メトロ駅で連絡しているので移動はスムーズ。高雄駅近くの『Just Sleep 捷絲旅高雄站前館』（138ページ）あたりに泊まれば、徒歩圏内の六合夜市で深夜でも美味い海鮮粥などにありつける（160ページ）。朝食は、徒歩十数分の『進興麺線羹』。高雄スタイルのまろやかでコクのある麺線＝細麺のとろみスープが大オススメ。その後はケーススタディーのコースとすりあわせもできる。

進興麺線羹《ジンシンミィエンシェンガン》

高雄市前金區自立一路41巷1號　6時〜20時　㊊休

1.『永浴愛河』（MAP P171 B-1）から望む浪漫チックな夜景。近くから遊覧船も出港。愛河愛之船／15時〜22時（㊏㊐は9時〜）。2. 暑さ対策が生んだ実用性メインの女ものの短パン。後驛商圏にて。

14：00〜

高雄メトロ・美麗島駅から旧市街ゾーンに進み、埠頭のある西子灣《シーズーワン》駅に移動。

日本統治時代の建物が多く残る周辺を散策。古い駅舎を丸ごと展示している舊打狗驛故事館《ジョウダーゴウイーグーシーグァン》、その先のあきれる広さの鉄道広場＝哈瑪星鐵道文化園區《ハーマーシンティエダオワェンファユェン》、魅力的な古渋い建物、その先のフェリー乗り場付近に並ぶかき氷店や『OH! cafe 握咖啡』（50ページ）の絶品カフェラテ。駅の近くに『丹丹漢堡』（35ページ）もある。

対岸の旗津島を10分ほどでつなぐフェリーは、運河の風景が楽しいけど、待ち受けているのが観光客狙いの海鮮料理通りかあ……古民家咖啡の『一二三亭《ヒフミテイ》』も、写真映りはいいけれど……等々、かってなことを楽しくつぶやき歩き回り、高雄メトロで民宿に引き返して、チェックイン。

18：00〜

美麗島駅から一駅隣の中央公園《チョンヤンゴンユェン》駅に移り、大きな1番出口から地上へ。そこはもう中央公園の敷地内。この公園は南端が「城市光廊《チャンシーグァンラン》」という、灯りのオブジェ展示場になっている。しかし広大な公園内にも池を渡る橋のライトアップとか、ぽつぽつと道を照らす縦長の青白い蛍光灯の列とか、それらしい灯りが散らばっている。

しかも灯りを作品として際立たせるため、日本ではありえないほどに暗く、これが心地いいのだ。南国の陰影礼賛な公園といった風情である。夕暮れ、公園が夜の闇に包まれていくあたりの散策は忘れがたい印象を残す。

公園に上ってきた駅の一番出入り口も、イギリスの名建築家リチャード・ロジャースの手によるもの。夜になると内側から輝く巨大な貝のようで幻想的。この灯りのおかげで、公園が寂しくなりすぎないあたりも見事。

夕暮れ時の公園を満喫した後で、夕食を求めて、近場にある『上竹林養生食草館』（62ページ）へ。徒歩十数分ほどで店に到着。青虫になった気分で薬物鍋を食い漁る。

20：30〜

「港町に来てるんだし、水辺にも触れたいねえ」

とツマ。タクシーで、遠からぬ場所にある『永浴愛河《ヨンユーアイフゥ》』へ移動。愛河沿いにある軽食ゾーンで、かぶりつきの席で夜の運河をながめつつ、生ビールで軽く一杯。間近の愛河はかすかに生臭いけど、風情はバツグンだ。

続けて『左脚右脚経典泡脚会館・中正店《ズオジャオヨウジャオジンディエンパオジャオフェイグァンチョンヂョンディエン》』に足裏マッサージに行こう、あそこは悪くなかったよね。いや、もうちょっと飲みたいと意見が割れ、じゃんけんで飲みに決まる。

『永浴愛河』から、通りの斜め向かいの高雄國賓大飯店の辺りで再びタクシーを拾い、『BEAST Bar&Grill 野獣美式餐廳』（58ページ）へ。しっかりしたツマミと、ビール各種、カクテル色々。

「城市光廊」を含む中央公園の夜景。抑えた灯りが涼気を招く。何でも明るければいいってもんでもないでしょ、という好例かも。
MAP P171 B-2

23：30～

店を出て、通りを東に進めばすぐ六合夜市。人気の観光夜市だが、深夜ともなるとすいていてゆっくりできる。シメに『荘記海産粥《ヂュアンジーハイチャンヂョウ》』の心震える海鮮粥。さらに深夜でも目の前で皮から作りたてを供する『方記水餃《ファンジーシュイジャオ》』の水餃子もはずせず平らげ、目と鼻の先の民宿まで千鳥足で戻り、すこやかに寝る。ああ台湾ではやはり食べ過ぎる。

2日目

8：00～

民宿でもらった食券を握りしめ、徒歩5分の美麗島駅前で、『老江紅茶牛奶』（37ページ）の路面のテーブルで朝食。ハムトーストとミルクティー。B級テイスト全開の美味。

美麗島駅からメトロで、2駅先の鹽埕埔駅へ。往年の面影を残す旧市街を朝さんぽ。駅から大仁路という大通りを5分ぐらい、ひたすら西に進んでいくと、果てで大きな朝市が開かれ、路面を埋め尽くしている。活気あふれる市場を散策、カットしたパイナップルを購入、渋喫茶の『小堤咖啡《シャオディーカーフェイ》』も寄ってみるが、モーニングサービスを求めるお客で満席状態。肩をすくめて民宿に戻る。台湾のパイナップルは、熟れ熟れで美味。つまみながら、小じゃれた部屋でまったり。

11：00～

宿をチェックアウト、美麗島駅構内のコインロッカーに

3.鹽埕埔駅周辺の朝市の賑わい。観光客御用ナシの仕様で楽しい。 4.店舗ごとに凝った造りの「微熱山丘」(MAP P171 C-1) は運河沿いにある。5.『老江紅茶牛奶』のハムエッグトーストとミルクティー。朝から深夜まで味わえる。

荷物をあずけ、駅前から車で『高雄真愛館《ガオションチェンアイグァン》』へ。ホテルに用があるのではない。このホテルが「駁二藝術特區」(72ページ)の東端、大義區《ダーイーチュ》エリア前に位置しているから。

ここには雑貨や服などの個性的なショップが元倉庫6棟にわたって入っている。さらに一番東奥の棟には、東京の表参道にも支店がある高級パイナップルケーキの店、『微熱山丘《ウェイルアサンチュウ》』=サニーヒルズの高雄店もこっそり入っている。船を模した外観の広く真っ白な店内で、台北本店や表参道店同様、お茶とケーキを無料で味わえる。開店間際の11時ぐらいはすいているので狙い目。

ケーキを買うか検討後、他の棟を回る。「駁二藝術特區」を西にむかって埠頭をぶらぶら。『誠品書店』のある大勇區《ダーヨンチ》エリアから、倉庫前の大勇路を上。まもなく朝訪れた鹽埕埔《イエンチャンプー》駅に行き着く。丁度ランチタイム。駅周辺は小吃=軽食の老舗揃いときている。

最近移転した『鴨肉珍《ヤーロウチェン》』のアヒル肉の雞肉飯《ヤーロウファン》=ぶっかけ飯、お隣の中国茶ソフトクリームが絶品の『香茗茶行《シャンミンチャーシン》』さん。フルーツかき氷の『高雄婆婆冰《ガオションポオポオビン》』、あるいは南台湾名産の青魚サバヒーの汁麺の『大溝頂虱目魚米粉《ダーゴウディンシームウユイミイフェン》』(13時閉店)、すきだした『小堤咖啡』でゆっくり等々、よりどりみどりだ。

気が済んだら(済むかな)、メトロで美麗島駅に戻り、ロッカーの荷物を取り出して、次の旅先へと進む。

◉驛站食堂
高雄市三民區天津街2號
11時30分~14時30分
17時30分~20時20分 無休
MAP P171 A-2

◉莊記海產粥
六合夜市 17時30分~翌3時30分 無休
MAP P171 B-2

◉方記水餃
六合夜市 17時~翌2時 無休
MAP P171 B-2

◉鴨肉珍
高雄市鹽埕區五福四路258號
10時~20時 ㊋休
MAP P171 D-1

◉香茗茶行
高雄市鹽埕區五福四路264號
9時~21時(㊐10時~) ㊌休
MAP P171 D-1

◉高雄婆婆冰
高雄市鹽埕區七賢三路135號
9時~24時 ㊋休
MAP P171 D-1

◉大溝頂虱目魚米粉
高雄市鹽埕區新樂街198之38號
5時30分~13時30分ぐらい ㊋休
MAP P171 D-1

台湾中南部
ヌクユルさんぽ
実録
ケーススタディ

CASE STUDY
おまけ

岡山《ガンシャン》

山羊鍋の聖地で、買い出しさんぽ

エリア概略

台南と高雄の中間に位置する岡山（正確には高雄の北端）は、のどかな田舎町である。

さんぽの玄関口は在来線・岡山駅。駅前は閑散としているが、駅前の大通りを西に進むにつれて文賢市場《ウェンシェンシーチャン》という大きな市場が現れ、活気ある姿がかいま見えてくる。昭和レトロな商店街や、『心心食堂《シンシンシータン》』なんて、フーテンの寅さんが立ち寄りそうな食堂もある。一泊するほどではないにせよ、楽しいさんぽエリアのひとつだ。

加えてこの町には岡山三寶《ガンシャンサンバオ》＝岡山の3つの宝と呼ばれる、有名な名産品がある。羊肉、蜂蜜、豆板醤だ。

羊肉はヒツジ肉ではなくてヤギ肉を指す。実際岡山を訪れると、町のあちこちで羊肉店と書かれた赤い看板の料理店と出くわす。30軒近く点在しているらしい。

そもそも台湾では、ヒツジ肉とヤギ肉の区別が曖昧。「え、どう違うの？」なんて聞き返されたりする。こっちこそ「え？」だよ。

そして、たいがいの街に岡山羊肉を掲げる料理店が一軒はある。本場岡山の羊肉料理ぐらいの名称で、それゆえ出す肉は、ヤギ肉と考えてまず間違いない。一方、その他、普通の鍋ものなどの羊肉はラムらしい。

ヤギ肉なんていうと、フツーの日本人にはあまりいいイメージないけれど、岡山で食らうと、それをひっくり返される。そして絶品の特製甘い豆板醤！

1. 我ら垂涎の『源坐羊肉店』。たたずまいから美味オーラ漂う。 **2.** 寅さんが出入りしていそうな『心心食堂』。もとは駅前食堂だったらしい。 **3.** ドン・キホーテの元祖のごとき、『協興商行』の凄みある店頭陳列。

参考までに個人的に定番化しているコースを紹介する。台南か高雄で2泊以上すごすなら、寄る価値アリ。

11：30〜

在来線・台南駅から岡山駅に到着。この駅は区間車＝鈍行、莒光号《ジュグァンハオ》＝快速、自強号《ズーチャンハオ》＝特急が停まり、乗る便によって10数分〜50分ぐらいと、所用時間にかなり開きがある。あらかじめ時刻表で調べておいた方が便利。

駅にコインロッカーはなく、小さい行李房《シンリーファン》＝荷物預かり所はやっているそぶりがない。旅行鞄など持って台南駅から行く場合、ワレワレはホテルか、駅前の荷物預かり所（今はバイク駐車場の管理人のオバサンのいる受付）に預けて出かけている。

駅前のタクシー乗り場で車を拾い、よく行く羊肉店へ。岡山のタクシーの値段は運ちゃんの言い値。住所を見せると100元だって。徒歩15〜16分程度なのにちょい高い気もするけど、言い返せるほど中国語ができるわけでなし、二人で400円ぐらいならまあいいや。

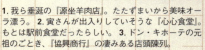

数分で老舗の『源坐羊肉店《ユエンズオヤンローディエン》』に到着。こざっぱりした造りで入りやすく、味はもちろん、接客もさばけたもの。12時を過ぎると混むので、その前に入ることにしている。

名物の漢方薬風味の鍋・羊肉爐、あっさりゆがいた白片羊肉《バイピンヤンルオ》、ヤギ肉の水餃子や腸詰め、モツ炒め、ヤギ肉油をつかった炒飯等々、メニューも豊富。何を食べてもハズレなし。岡山で食べる新鮮なヤギ肉は、何度食べてもヤギとは思えない。イヤな臭みや癖がまったくないのだ。注意深く舌でさぐれば、野生の香りをわずかに感じる。それも隠し味程度の存在。ラム好きならまるっと問題なし。

ラム肉と「え、どう違うの？」と聞き返される理由も、岡山に来ると納得できる。

そしてお見事なのはスープ。鍋や汁物に使われる薬膳スープなのだけど、普通、この手のスープは薬膳ならではのエグミが出がち。だが『源坐羊肉店』の場合、うまくまろやか味に仕上げていて、おかわりできるぐらい（実際無料で注ぎ足してくれる）。

とどめはつけダレ。岡山でヤギ肉は豆板醤のタレで食べるのが基本。店ごとに異なるが、たいがい辛さ抑えめで甘くまろやか。ヤギ肉との相性が抜群で、ぐいぐい食が進む。

この独特な豆板醤、直売してくれる老舗がある。ヤギ肉を満喫後、その店に向かう。開元街という老街＝レトロな通りの先にある『梁記商行《リャンジーシャンシン》』だ。ワレワレが崇拝する輝けるトウバンジャン、「梁王牌豆瓣醬《リャンワンパイドウバンジャン》」の元締めである。

壁を埋めつくすカラフルな瓶から「（甘味）辣豆瓣醬」とある品に手を伸ばす。直訳すると「辛いトウバンジャンの甘味」イマイチ意味不明瞭なれど、美味しいから文句なんていわない。他に辣味というカラいタイプや、不辣＝辛くも甘くもないタイプも

『源坐羊肉店』の名物鍋。野菜他具材もたっぷり、手前の塊がヤギ肉。注文はテーブルごとにメニュー表に書きこむ方式なので簡単。

あるので、その点だけ要注意だ。
この（甘味）辣豆瓣醤、日本に持ち帰り、ラムや豚肉の細切れをスーパーで買ってきて炒め、豆板醤をつけただけでご馳走になってくれる。ビールがあれば言うことなし。

今や家庭の必需品なのだが、岡山以外で見かけたことがない。類似品はあるがまろやかさが敵《かな》わない。それゆえ半ば仕方なく、半ばヤギ鍋目当てに岡山に行って買い求めている。

店の向かいの渋い生活雑貨、『協興商行《シェンシャンシン》』（82ページ）、市場やレトロな商店街をぶらついて2時頃駅に戻る。ええと時刻表は……。

◉ 源坐羊肉店
高雄市岡山區中華路1-2號
10時～23時（土日9時～）
無休

◉ 梁記商行
高雄縣岡山鎮開元街9號
7時30分～18時30分 木休

◉ 心心食堂
高雄市岡山區平和路10號
11時～13時30分 17時30分～19時30分 日休
店の奥が飲食スペース。親子丼などもある。丼はなぜか金属製。味はともかく風情でかご飯1杯はイケる（雰囲気を残して改装された）。

◉ Sasa Cafe
高雄市岡山區維新東街58號
11時～21時 火休

4. 貫禄漂う『梁記商行』。奥の棚に豆瓣醤がずらり。
5.（甘味）辣豆瓣醤。買い求める時は名称を要確認。

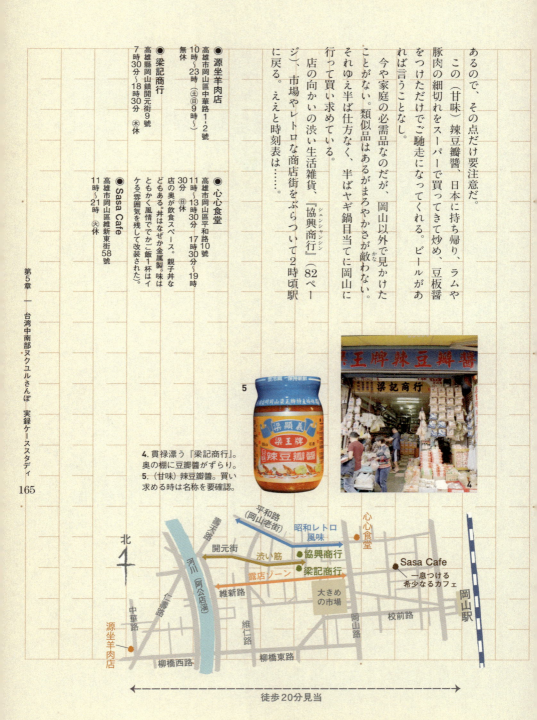

台湾全図
黄海
韓国
福岡
鹿児島
上海
日本
東シナ海
中国
那覇
台北
台湾
太平洋
廈門
高雄
フィリピン
0 500km
高鐵（台湾新幹線）
東シナ海
石門
陽明山
淡水
基隆
台北松山空港
台湾桃園国際空港
南港
高鐵桃園
台北
三貂角
桃園
烏來
新竹
石門水庫
興隆山（雪山）
豊原
合歓山
高鐵台中
台中
彰化
鹿港
埔里
花蓮
濁水溪
二水
集集線
日月潭
台湾海峡
西部幹線
阿里山
澎湖島
澎湖群島
玉山（新高山）
高鐵嘉義
阿里山森林鉄路
嘉義
東部幹線
中山高速公路
關山
珊瑚潭
卑南主山
太平洋
台南
高鐵台南
岡山
台東
左營
北大武山
緑島
高雄
高雄国際空港
下淡水溪
小琉球
蘭嶼
墾丁
猫鼻頭
鵝鑾鼻
0 200km
A
B
C
D
3
4

166

嘉義広域
嘉北駅
台林街
阿里山鉄路
林森東路
世賢路
心宜草堂
(P151)
忠孝路
嘉義駅
国立嘉義大学
竹居茶楼
(P151)
蘭潭水庫
嘉義市街
彌陀路
聖善園素食餐庁
(P67)
縦貫鉄路
阿里山公路
八掌溪
0
500m
台中
嘉義市街
地元朝食ゾーン
世賢路一段
新生路
台林街
縦貫公路
嘉義桃城茶様子
(P139)
嘉北街
縦貫鉄路
忠孝路
嘉南街
埤子頭植物園
維新路
博東路
興達路
嘉義市立博物館
阿里山森林鐵路車庫園區 (P151)
阿里山
文化路
阿里山林業村林業藝術園區
北門駅
自由路
林森東路
檜意森活村
(P151)
共和路
呉鳳北路
阿里山鉄路
草地總統府 (P58)
北門街
林森西路
友忠路
北興陸橋
832 Coffee Roasters
捌参貳焙煎所 (P53)
興中街
民權路
成仁街
MIMICO CAFE秘密客咖啡館 (P54)
民權路
中正公園
中央廣場
承億小鎮慢讀 (P151)
源興御香屋 (P151)
中山路
嘉義市政府
噴水雞肉飯・本店 (P151)
中央噴水
公明路
縦貫公路
中山路
林聰明沙鍋魚頭 (P67)
嘉義駅
東市場
王家祖傳本產牛雜湯
(P151)
蘭桂坊花園酒店 (P138)
光華路
嘉義車頭火雞肉飯
三雅嘉義火雞肉飯
郵便局
樂豆 LoveBean (P151)
林聰明沙鍋魚頭・支店
(P67)
忠義街
國華街
文化路
北港朝天宮
西門街
新榮路
西榮街
民生北路
仁愛路
縦貫鉄路
呉鳳北路
阿岸米糕 (P151)
大華公路
民族路
呉記排骨酥
(P34)
文化公園
台南
垂楊路
垂楊路
嘉義市役所(旧市府)
國華街
興中街
呉鳳南路
垂楊路
建成街
新明津創意美食餐
(P148)
新民路
仁愛路
永安街
N
0
200m
A
B
C
D
1
2

台中広域
振發帽蓆行(P86)
苑裡駅
高美濕地(P173)
台中港駅
台中国際空港
梅子活海鮮餐廳(P117)
沙鹿駅
台中市街
台中駅
高鐵台中駅
高鐵(台灣新幹線)
中山高速公路
山線
海線
大安渓
大甲渓
烏渓
路德威手工啤酒餐廳(P57)
立自然科學博物館
英才公園
英士公園
棒球場(野球場)
台中公園
柳川水岸步道(P106)
紅點文旅(P139)
三之一咖啡(P145)
過來旅店(P140)
KAVALAN直売店 台中駅前店(P68)
洪瑞珍餅店(P40)
1969 BLUE SKY HOTEL 台中藍天飯店(P140)
幸發亭蜜豆氷本鋪(P145)
沁園春(P145)
繼光香香雞(P31)
華泰咖啡(P99)
中非咖啡(P100)
台中市政府
巧園咖啡(P99)
宮原眼科
春水堂創始店(P101)
lesson one(P40)
第四信用合作社(P145)
台中駅
縱貫鐵路
建國市場(P104)
國立公共資訊圖書館
慈明寺
大智公園
東峰公園

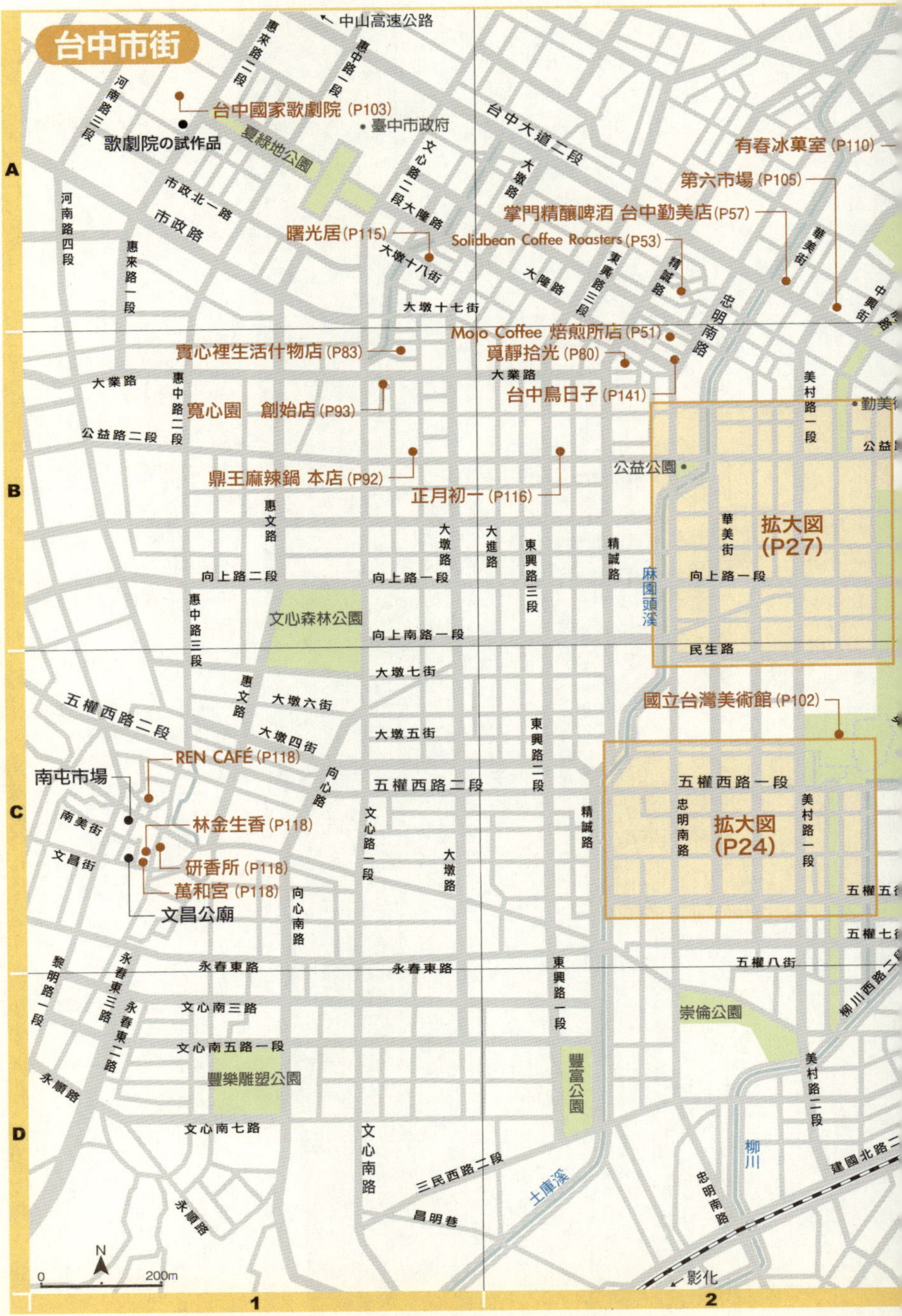
台中市街
中山高速公路
台中國家歌劇院 (P103)
歌劇院の試作品
臺中市政府
夏綠地公園
有春冰菓室 (P110)
第六市場 (P105)
掌門精釀啤酒 台中勤美店 (P57)
曙光居 (P115)
Solidbean Coffee Roasters (P53)
Mojo Coffee 焙煎所店 (P51)
寬心裡生活什物店 (P83)
覓靜拾光 (P80)
台中鳥日子 (P141)
寬心園 創始店 (P93)
鼎王麻辣鍋 本店 (P92)
正月初一 (P116)
公益公園
拡大図 (P27)
文心森林公園
國立台灣美術館 (P102)
REN CAFÉ (P118)
南屯市場
林金生香 (P118)
研香所 (P118)
萬和宮 (P118)
文昌公廟
拡大図 (P24)
崇倫公園
豐樂雕塑公園
豐富公園
麻園頭溪
柳川
土庫溪
影化
台中大道二段
惠來路二段
惠中路一段
河南路三段
河南路四段
惠來路一段
市政北一路
市政路
文心路二段
大墩路
大隆路
大墩十八街
大墩十七街
東興路三段
精誠路
忠明南路
華美街
中興街
美村路一段
大業路
惠中路二段
公益路二段
公益路
勤美
惠文路
大墩路
大進路
向上路二段
向上路一段
向上南路一段
惠中路三段
民生路
大墩七街
大墩六街
大墩五街
大墩四街
五權西路二段
五權西路一段
向心路
向心南路
文心路一段
東興路二段
美村路一段
南美街
文昌街
五權五街
五權七街
五權八街
永春東路
黎明路一段
永春東三路
永春東二路
文心南三路
文心南五路一段
東興路一段
柳川西路二段
永順路
美村路二段
文心南七路
文心南路
三民西路二段
昌明巷
建國北路二段
忠明南路
A
B
C
D
1
2
N
0
200m

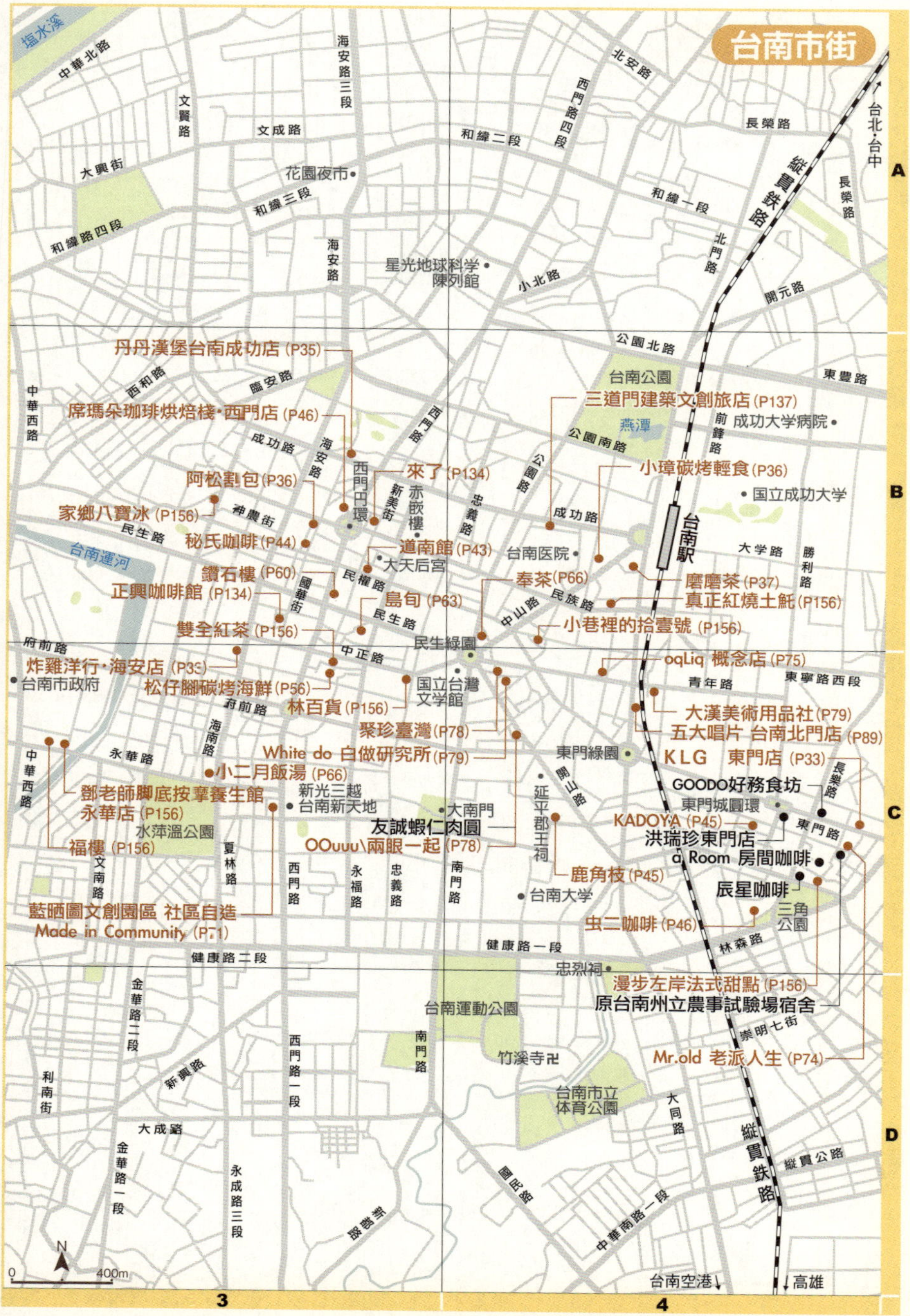

台南市街
塩水溪
中華北路
文賢路
海安路三段
文成路
和緯二段
西門路四段
北安路
長榮路
台北・台中
大興街
花園夜市
和緯三段
和緯路四段
和緯一段
縱貫鉄路
北門路
長榮路
海安路
星光地球科学陳列館
小北路
開元路
公園北路
丹丹漢堡台南成功店(P35)
西和路
臨安路
台南公園
東豐路
中華西路
席瑪朵珈琲烘焙棧・西門店(P46)
三道門建築文創旅店(P137)
西門路
燕潭
前鋒路
成功大学病院
公園南路
成功路
海安路
公園路
小璋碳烤輕食(P36)
阿松割包(P36)
來了(P134)
西門円環
新美街
赤嵌樓
忠義路
国立成功大学
家鄉八寶冰(P156)
神農街
成功路
民生路
秘氏咖啡(P44)
台南駅
台南運河
道南館(P43)
台南医院
大学路
勝利路
大天后宮
鑽石樓(P60)
民權路
國華街
奉茶(P66)
磨磨茶(P37)
正興咖啡館(P134)
島旬(P63)
中山路
民族路
真正紅燒土魠(P156)
民生路
雙全紅茶(P156)
小巷裡的拾壹號(P156)
府前路
民生緑園
炸雞洋行・海安店(P33)
中正路
oqLiq 概念店(P75)
台南市政府
松仔腳碳烤海鮮(P56)
国立台灣文学館
青年路
東寧路西段
府前路
林百貨(P156)
大漢美術用品社(P79)
海南路
聚珍臺灣(P78)
五大唱片 台南北門店(P89)
中華西路
永華路
White do 白做研究所(P79)
東門緑園
KLG 東門店(P33)
小二月飯湯(P66)
開山路
長榮路
延平郡王祠
GOODO好務食坊
鄧老師腳底按摩養生館 永華店(P156)
新光三越 台南新天地
大南門
東門城圓環
水萍溫公園
友誠蝦仁肉圓
KADOYA (P45)
東門路
洪瑞珍東門店
福樓(P156)
OOuuu\兩眼一起(P78)
a Room 房間咖啡
文南路
夏林路
西門路
永福路
忠義路
南門路
鹿角枝(P45)
辰星咖啡
台南大学
三角公園
藍晒圖文創園區 社區自造 Made in Community (P71)
虫二咖啡(P46)
健康路一段
林森路
健康路二段
忠烈祠
漫步左岸法式甜點(P156)
金華路二段
台南運動公園
原台南州立農事試驗場宿舍
崇明七街
南門路
西門路一段
竹溪寺
Mr.old 老派人生(P74)
利南街
新興路
台南市立体育公園
大同路
大成路
金華路一段
永成路三段
縱貫鉄路
縱貫公路
國民路
中華南路一段
N
0
400m
台南空港
高雄
A
B
C
D
3
4

170

高雄市街
台南
内惟埤文化園
鼓山三路
九如四路
翠華路
青海路
中華一路
大順一路
河西路
中都愛河濕地公園
中華二路
十全二路
博愛一路
後驛駅
哈爾浜街
三民公園
松江街
十全一路
自由路
民族一路
高雄医学大学
中山高速公路
愛河
九如二路
驛站食堂 (P161)
後驛商圈
Bike coffee 拝克咖啡 (P51)
鼓山車駅
高雄駅
高雄中学
建国二路
台東
五大唱片・高雄中山店 (P89)
Just Sleep 捷絲旅高雄站前館 (P138)
六合夜市
建国三路
三鳳宮
進興麵線羹
自立二路
方記水餃 (P161)
小島公寓 (P135)
壽山動物園
壽山公園
莊記海產粥 (P161)
中華三路
丹丹漢堡 高雄七賢總店
七賢二路
六合二路
左脚右脚経典泡脚会館 中正店
中正三路
蓬萊居 (P62)
美麗島駅
BEAST Bar&Grill 野獸美式餐廳 (P58)
PUHU 彪琥 高雄美麗島店 (P79)
信義國小駅
老江紅茶牛奶 本店 (P37)
丹丹漢堡 高雄西子
拡大図
高雄市立歴史博物館
市議會駅
中正四路
民生一路
市立文化中心
忠烈祠
上竹林養生食草館 (P62)
中央公園
中央公園駅
哈瑪星鐵道文化園區
民生二路
自強三路
五福二路
復興二路
鹽埕埔駅
城市光廊 (P160)
成功一路
西子灣駅
永浴愛河 (P159)
美森咖啡 ARTISAN CAFE (P50)
高雄市政府
舊打狗驛故事館
中華四路
Café 自然醒 (P47)
OH! cafe 握咖啡 (P50)
フェリー乗り場
駁二藝術特區
四維三路
苓雅二路
POI 客製衣 (P73)
三多三路
好,的 (P74)
高雄港
微熱山丘 (P161)
自強夜市
三多商圈駅
KAVALAN直売店 高雄成功店 (P68)
二聖二路
喜達絲飯店 (P138)
中山二路
新光路
大立百貨・大立空中樂園 (P90)
一心二路
高雄展覽館
勞工公園
民權二路
獅甲駅
成功二路
中華五路
ライトレール
中山三路
高雄國際空港
凱旋駅
夢時代
N
0
200m
拡大図
朝市ゾーン
七賢三路
大公路
高雄婆婆冰 (P161)
建国四路
新樂街
大仁路
瀨南街
鹽埕市民廣場
大溝頂虱目魚米粉 (P161)
小堤咖啡 (P98)
五福四路
大勇路
鹽埕街
鴨肉珍 (P161)
香茗茶行 (P161)
翰品酒店 (P137)
莒光街
鹽埕埔駅
N
0
100m
A
B
C
D
1
2

おわりに

台湾さんぽの走馬灯

十何度目かの台中さんぽに訪れた春先。偶然にも日程が自分の誕生日と重なり、珊瑚さん（95ページ）が、

「その日はお店の定休日だから、車でどこか遊びに行きましょう」

と、提案してくださった。尻尾があったら激しく振る勢いでお言葉に甘え、自家用車でないと行きにくい台中の遠方を、珊瑚さんの運転で、ワレワレ夫婦は1日かけてのんびり巡った。その際、ハイライトとして立ち寄ったのが高美濕地《ガオメイシーディ》（P168 A-4）である。

海辺の先に広がる平坦な湿地帯で、日暮れ時は、鏡のような水面に夕日が照り返し、えもいわれる絶景となる。最近日本でも有名になってきた台中屈指の名所だ。しかし地の利が悪い。市内からずいぶん離れている上、最寄りの台中港車《タイチョンガンチャー》駅からでも車で行くしかない。さらに天気が悪けりゃ絶景はアウト。これは縁がないねとはなから諦めていた場所だった。

その日は天気も上々で、珊瑚さんは、夕暮れ直前のおあつらえ向きの時間に高美濕地に車を乗り付けた。車を駐車場に置き、湿地に突き出す観光用の長い板張りの栈橋を10分以上かけて歩いて行く。平日だったけれど、栈橋は見物客でいっぱいだ。

すでに空は暗くなりはじめ、周囲が青紫に染まっている。風力発電用の巨大風車の列の先で、ゆっくり降りてゆく橙色の夕日……なるほど絶海だ。

しかし、高美濕地の素晴らしさを心底味うのなら、さらに半歩踏み出して、人々の群がる桟橋の突端から階段を下り、湿地のただ中に身を置いてみなければならない。春先の湿地は水位も浅く、素足で下りてみると、くるぶしほどの深さだった。生温い海の中を、夕日に向かってずんずん歩いて行く。

見渡す限り広がる鏡の平原を歩いているようだ。その中を、やはり湿地に下りた若人が、影を引きずりながら跳びはねていたり、三脚を立てカップルでサンセット・キスを撮ろうと身構えたりしている。振り返ると、桟橋の突端でひとかたまりになっている人々は、見えない客船を待ち受けてるかのように見える。

幻想的作風で知られた名匠フェリーニ監督の、ことに幻想的だった中期の映画を彷彿させる、およそこの世のものとは思えない風景である。こいつはスゴイや。

ますます暗さをおびていく鏡のような湿地ではしゃぐ人影を見ているうち、ふと走馬灯という言葉が思い浮かんだ。死に際、人生が走馬灯のように流れるというアレだ。

こんな浅瀬で死ぬことはないけれど、今目にしている素晴らしい風景は、これまで積みかさねてきた台湾さんぽのもたらした果実、数々の発見や出会いの賜物であることに間違いない。そこに思い至った時、台湾さんアリガトウございますと、静かに感慨にふけるのだった。

え、真っ暗になる前に海から上がって来い？　はいはい……。

今回の本も、特別なツテなどには頼らず、自腹で気ままに旅して作りあげた。もともとゼロの状態から手探りで始めた台湾さんぽ。ハマりこめば、誰でもこのぐらいは楽しめますよという参考にもしていただきたかったからである。

その分台湾の達人、事情通から見たら歯がゆい点も多々あることと思う。ヌクユルい目でご容赦いただければ幸いである。

一方、ツテには頼らなかったものの、中国語ばかりか台湾さんぽのヒントと入れ知恵を、冷笑混じりに授けくださった王韋利老師を筆頭に、嘉義食べ歩きに優れた舌と胃袋で同行してくれたツレヅレハナコさんとヨシマルさん、南台湾旅行ガイドの優れた自著もあるカメラマンの矢巻美穂さんといった方々に、改めてお礼申し上げたい。

本作りに関しては、未踏の地に戸惑いつつも老練な編集力で一冊にまとめ上げてくださった武田憲人さん、前回に引き続き、テンコ盛りの画像と情報を、わかりやすいレイアウトに美しく仕上げてくださったデザインの斉藤いづみさん、ブツ撮りで台湾雑貨の魅力をさらに引き出してくださったカメラマン山出高士さん、おっと、そして台湾同志のツマにももちろん感謝である。

それにしても、いいかげん中国語しゃべれるようになりたい。

對在寫這本書的路上幫助我的人深深的表示謝意。此致：王韋利老師、張斐喻小姐、ZASSO 的梁碧珊小姐和 Elise 小姐、道南館的 Joyce 小姐和小鬍子先生、天天厨房的謝天傑先生、松井家的 Jack 先生、多謝多謝。

奥谷道草 おくたにみちくさ

東京生まれ。都心部の道草さんぽ歴は半世紀あまり。月刊散歩の達人で独特のセンスと経験を駆使し、さんぽライターとして雑貨を中心に、喫茶・エスニックなどの企画を取材執筆。他方、別名義で書籍・雑誌を中心にゲーム・パズル・挿絵を手がけている。2010年から台湾に夫婦でハマる。以後二人して中国語を学びつつ、主に首都台北をはみだして、各地方の魅力ある街あるきを模索散策。2015年さんぽライターの経験を活かし、普段の道草さんぽと同じ目線で『オモシロはみだし台湾さんぽ』を上梓。2018年続編にあたる本書まで上梓するとは。

本書に関する追加情報・連絡先、Facebook 奥谷道草

關於作者
東京出生。從小學開始喜歡在路上閒逛（日文叫道草）、進而變成在東京的散步記者。散步歷將近半個世紀。有時候畫插畫、有時製作遊戲。2010年和太太一起第一次去台灣、從比愛上台灣、開始在台灣散步。和太太一起學著台灣華語、會利用在東京散步採訪的經驗、在台灣的每個地區的城市散步。最喜歡的地方是台中和台南。2015年出版了輕鬆台灣旅遊書『オモシロはみだし台湾さんぽ』獲得好評。2018年再寫比書。
www.facebook.com/nihaogu

もっと おもしろハミダシ台湾さんぽ

2018年2月9日　第1版発行

著者（文・イラスト）奥谷道草

デザイン	斉藤いづみ [rhyme inc.]
撮影	山出高士（P22～23、P76～77）
編集協力	渡辺千晶
地図	データアトラス株式会社
編集	武田憲人
発行人	横山裕司
発行所	株式会社 交通新聞社
	〒101-0062　東京都千代田区神田駿河台 2-3-11　NBF 御茶ノ水ビル
	編集部☎ 03・6831・6560　販売部☎ 03・6831・6622　http://www.kotsu.co.jp/
印刷／製本	凸版印刷株式会社

ISBN978-4-330-86418-1